5520.
c266.3.

OEUVRES

COMPLÈTES

DE MOLIÈRE.

TOME TROISIÈME.

NANCY, IMPRIMERIE D'HÆNER.

OEUVRES
COMPLÈTES
DE MOLIÈRE,

AVEC

DES COMMENTAIRES HISTORIQUES ET LITTÉRAIRES,

PRÉCÉDÉES

DU TABLEAU DES MOEURS DU XVIIe SIÈCLE,

ET ORNÉES DE 33 GRAVURES.

TOME TROISIÈME.

PARIS,
J. N. BARBA,
COURS DES FONTAINES, N° 7.

1828.

L'ÉCOLE
DES FEMMES;
COMÉDIE
EN CINQ ACTES ET EN VERS,

Représentée à Paris, sur le théâtre du Palais-Royal, le 26 décembre 1662.

A MADAME.

Madame,

Je suis le plus embarrassé homme du monde lorsqu'il me faut dédier un livre ; et je me trouve si peu fait au style d'épître dédicatoire, que je ne sais par où sortir de celle-ci. Un autre auteur qui seroit à ma place trouveroit d'abord cent belles choses à dire de votre altesse royale sur ce titre de *l'École des Femmes*, et l'offre qu'il vous en feroit. Mais, pour moi, Madame, je vous avoue mon foible : je ne sais point cet art de trouver des rapports entre des choses si peu proportionnées ; et quelque belles lumières que mes confrères les auteurs me donnent tous les jours sur de pareils sujets, je ne vois point ce que votre altesse royale pourroit avoir à démêler avec la comédie que je lui présente. On n'est pas en peine, sans doute, comme il faut faire pour vous louer : la matière, Madame, ne saute que trop aux yeux ; et de quelque côté qu'on vous regarde, on rencontre gloire sur gloire et qualités sur qualités. Vous en avez, Madame, du côté du rang et de la naissance, qui vous font respecter de toute la terre.

Vous en avez du côté des grâces et de l'esprit et du corps, qui vous font admirer de toutes les personnes qui vous voient. Vous en avez du côté de l'âme, qui, si l'on ose parler ainsi, vous font aimer de tous ceux qui ont l'honneur d'approcher de vous : je veux dire cette douceur pleine de charmes dont vous daignez tempérer la fierté des grands titres que vous portez, cette bonté tout obligeante, cette affabilité généreuse que vous faites paroître pour tout le monde. Et ce sont particulièrement ces dernières pour qui je suis, et dont je sens fort bien que je ne me pourrai taire quelque jour. Mais encore une fois, Madame, je ne sais point le biais de faire entrer ici des vérités si éclatantes ; et ce sont choses, à mon avis, et d'une trop vaste étendue, et d'un mérite trop relevé, pour les vouloir renfermer dans une épître et les mêler avec des bagatelles. Tout bien considéré, Madame, je ne vois rien à faire ici pour moi que de vous dédier simplement ma comédie, et de vous assurer, avec tout le respect qu'il m'est possible, que je suis,

MADAME,

de votre altesse royale

le très-humble, très-obéissant
et très-obligé serviteur,
MOLIÈRE.

PRÉFACE.

Bien des gens ont frondé d'abord cette comédie : mais les rieurs ont été pour elle ; et tout le mal qu'on en a pu dire n'a pu faire qu'elle n'ait eu un succès dont je me contente. Je sais qu'on attend de moi dans cette impression quelque préface qui réponde aux censeurs, et rende raison de mon ouvrage ; et sans doute que je suis assez redevable à toutes les personnes qui lui ont donné leur approbation pour me croire obligé de défendre leur jugement contre celui des autres ; mais il se trouve qu'une grande partie des choses que j'aurois à dire sur ce sujet est déjà dans une dissertation que j'ai faite en dialogue, et dont je ne sais encore ce que je ferai. L'idée de ce dialogue, ou, si l'on veut de cette petite comédie, me vint après les deux ou trois premières représentations de ma pièce. Je la dis, cette idée, dans une maison où je me trouvai un soir : et d'abord une personne de qualité, dont l'esprit est assez connu dans le monde, et qui me fait l'honneur de m'aimer, trouva

PRÉFACE.

le projet assez à son gré, non-seulement pour me solliciter d'y mettre la main, mais encore pour l'y mettre lui-même; et je fus étonné que, deux jours après, il me montrât toute l'affaire exécutée d'une manière, à la vérité, beaucoup plus galante et plus spirituelle que je ne puis faire, mais où je trouvois des choses trop avantageuses pour moi; et j'eus peur que, si je produisois cet ouvrage sur notre théâtre, on ne m'accusât d'avoir mendié les louanges qu'on m'y donnoit. Cependant cela m'empêcha, par quelque considération, d'achever ce que j'avois commencé. Mais tant de gens me pressent tous les jours de le faire, que je ne sais ce qui en sera; et cette incertitude est cause que je ne mets point dans cette préface ce qu'on verra dans la critique, en cas que je me résolve à la faire paroître. S'il faut que cela soit, je le dis encore, ce sera seulement pour venger le public du chagrin délicat de certaines gens; car, pour moi, je m'en tiens assez vengé par la réussite de ma comédie; et je souhaite que toutes celles que je pourrai faire soient traitées par eux comme celle-ci, pourvu que le reste soit de même.

PERSONNAGES.

ARNOLPHE ou LA SOUCHE.
AGNÈS, fille d'Enrique.
HORACE, amant d'Agnès, fils d'Oronte.
CHRYSALDE, ami d'Arnolphe.
ENRIQUE, beau-frère de Chrysalde et père d'Agnès.
ORONTE, père d'Horace et ami d'Arnolphe.
ALAIN, paysan, valet d'Arnolphe.
GEORGETTE, paysanne, servante d'Arnolphe.
UN NOTAIRE.

La scène est à Paris, dans une place d'un faubourg.

L'ÉCOLE DES FEMMES.

ACTE PREMIER.

SCÈNE I.

CHRYSALDE, ARNOLPHE.

CHRYSALDE.

Vous venez, dites-vous, pour lui donner la main?

ARNOLPHE.

Oui. Je veux terminer la chose dans demain.

CHRYSALDE.

Nous sommes ici seuls; et l'on peut, ce me semble,
Sans craindre d'être ouïs, y discourir ensemble.
Voulez-vous qu'en ami je vous ouvre mon cœur?
Votre dessein pour vous me fait trembler de peur :
Et, de quelque façon que vous tourniez l'affaire,
Prendre femme est à vous un coup bien téméraire.

ARNOLPHE.

Il est vrai, notre ami, peut-être que chez vous
Vous trouvez des sujets de craindre pour chez nous;
Et votre front, je crois, veut que du mariage
Les cornes soient partout l'infaillible apanage.

CHRYSALDE.

Ce sont coups du hasard, dont on n'est point ga-
rant ;
Et bien sot, ce me semble, est le soin qu'on en prend.
Mais quand je crains pour vous, c'est cette raillerie
Dont cent pauvres maris ont souffert la furie :
Car enfin vous savez qu'il n'est grands ni petits
Que de votre critique ont ait vus garantis ;
Que vos plus grands plaisirs sont, partout où vous
êtes,
De faire cent éclats des intrigues secrètes...

ARNOLPHE.

Fort bien. Est-il au monde une autre ville aussi
Où l'on ait des maris si patients qu'ici ?
Est-ce qu'on n'en voit pas de toutes les espèces,
Qui sont accommodés chez eux de toutes pièces ?
L'un amasse du bien, dont sa femme fait part
A ceux qui prennent soin de le faire cornard :
L'autre, un peu plus heureux, mais non pas moins
infâme,
Voit faire tous les jours des présents à sa femme,
Et d'aucun soin jaloux n'a l'esprit combattu,
Parce qu'elle lui dit que c'est pour sa vertu.
L'un fait beaucoup de bruit qui ne lui sert de guères:
L'autre en toute douceur laisse aller les affaires,
Et, voyant arriver chez lui le damoiseau,
Prend fort honnêtement ses gants et son manteau.
L'une de son galant, en adroite femelle,
Fait fausse confidence à son époux fidèle ;
Qui dort en sûreté sur un pareil appas,
Et le plaint, ce galant, des soins qu'il ne perd pas:

ACTE I, SCÈNE I.

L'autre, pour se purger de sa magnificence,
Dit qu'elle gagne au jeu l'argent qu'elle dépense :
Et le mari benêt, sans songer à quel jeu,
Sur les gains qu'elle fait rend des grâces à Dieu.
Enfin ce sont partout des sujets de satire ;
Et, comme spectateur, ne puis-je pas en rire ?
Puis-je pas de nos sots...?

CHRYSALDE.

Oui : mais qui rit d'autrui
Doit craindre qu'en revanche on rie aussi de lui.
J'entends parler le monde ; et des gens se délassent
A venir débiter les choses qui se passent :
Mais, quoi que l'on divulgue aux endroits où je suis,
Jamais on ne m'a vu triompher de ces bruits.
J'y suis assez modeste : et bien qu'aux occurrences
Je puisse condamner certaines tolérances,
Que mon dessein ne soit de souffrir nullement
Ce que quelques maris souffrent paisiblement,
Pourtant je n'ai jamais affecté de le dire ;
Car enfin il faut craindre un revers de satire,
Et l'on ne doit jamais jurer sur de tels cas
De ce qu'on pourra faire, ou bien ne faire pas.
Ainsi, quand à mon front, par un sort qui tout mène,
Il seroit arrivé quelque disgrâce humaine,
Après mon procédé, je suis presque certain
Qu'on se contentera de s'en rire sous main :
Et peut-être qu'encor j'aurai cet avantage
Que quelques bonnes gens diront que c'est dommage.
Mais de vous, cher compère, il en est autrement;
Je vous le dis encor, vous risquez diablement.
Comme sur les maris accusés de souffrance

De tout temps votre langue a daubé d'importance,
Qu'on vous a vu contre eux un diable déchaîné,
Vous devez marcher droit pour n'être point berné;
Et, s'il faut que sur vous on ait la moindre prise,
Gare qu'aux carrefours on ne vous tympanise,
Et...

ARNOLPHE.

Mon Dieu ! notre ami, ne vous tourmentez point.
Bien rusé qui pourra m'attraper sur ce point.
Je sais les tours rusés et les subtiles trames
Dont pour nous en planter savent user les femmes ;
Et, comme on est dupé par leurs dextérités,
Contre cet accident j'ai pris mes sûretés ;
Et celle que j'épouse a toute l'innocence.
Qui peut sauver mon front de maligne influence.

CHRYSALDE.

Hé ! que prétendez-vous ? qu'une sotte en un mot...?

ARNOLPHE.

Épouser une sotte, est pour n'être point sot.
Je crois, en bon chrétien, votre moitié fort sage:
Mais une femme habile est un mauvais présage ;
Et je sais ce qu'il coûte à de certaines gens
Pour avoir pris les leurs avec trop de talents.
Moi, j'irois me charger d'une spirituelle
Qui ne parleroit rien que cercle et que ruelle,
Qui de prose et de vers feroit de doux écrits,
Et que visiteroient marquis et beaux esprits,
Tandis que, sous le nom de mari de madame,
Je serois comme un saint que pas un ne réclame ?
Non, non, je ne veux point d'un esprit qui soit haut;
Et femme qui compose en sait plus qu'il ne faut.

ACTE I, SCÈNE I.

Je prétends que la mienne, en clartés peu sublime,
Même ne sache pas ce que c'est qu'une rime ;
Et s'il faut qu'avec elle on joue au corbillon,
Et qu'on vienne à lui dire à son tour, Qu'y met-on?
Je veux qu'elle réponde, Une tarte à la crème ;
En un mot, qu'elle soit d'une ignorance extrême :
Et c'est assez pour elle, à vous en bien parler,
De savoir prier Dieu, m'aimer, coudre et filer.

CHRYSALDE.

Une femme stupide est donc votre marotte ?

ARNOLPHE.

Tant, que j'aimerois mieux une laide bien sotte,
Qu'une femme fort belle avec beaucoup d'esprit.

CHRYSALDE.

L'esprit et la beauté...

ARNOLPHE.

L'honnêteté suffit.

CHRYSALDE.

Mais comment voulez-vous, après tout, qu'une bête
Puisse jamais savoir ce que c'est qu'être honnête?
Outre qu'il est assez ennuyeux, que je croi,
D'avoir toute sa vie une bête avec soi,
Pensez-vous le bien prendre, et que sur votre idée
La sûreté d'un front puisse être bien fondée?
Une femme d'esprit peut trahir son devoir,
Mais il faut pour le moins qu'elle ose le vouloir ;
Et la stupide au sien peut manquer d'ordinaire
Sans en avoir l'envie, et sans penser le faire.

ARNOLPHE.

A ce bel argument, à ce discours profond,
Ce que Pantagruel à Panurge répond :

Pressez-moi de me joindre à femme autre que sotte,
Prêchez, patrocinez (*) jusqu'à la Pentecôte ;
Vous serez ébahi, quand vous serez au bout,
Que vous ne m'aurez rien persuadé du tout.

CHRYSALDE.

Je ne vous dis plus mot.

ARNOLPHE.

Chacun a sa méthode.
En femme, comme en tout, je veux suivre ma mode :
Je me vois riche assez pour pouvoir, que je croi,
Choisir une moitié qui tienne tout de moi,
Et de qui la soumise et pleine dépendance
N'ait à me reprocher aucun bien ni naissance.
Un air doux et posé, parmi d'autres enfants,
M'inspira de l'amour pour elle dès quatre ans :
Sa mère se trouvant de pauvreté pressée,
De la lui demander il me vint en pensée ;
Et la bonne paysanne, apprenant mon désir,
A s'ôter cette charge eut beaucoup de plaisir.
Dans un petit couvent, loin de toute pratique,
Je la fis élever selon ma politique,
C'est-à-dire, ordonnant quels soins on emploîroit
Pour la rendre idiote autant qu'il se pourroit.
Dieu merci, le succès a suivi mon attente ;
Et grande, je l'ai vue à tel point innocente,
Que j'ai béni le ciel d'avoir trouvé mon fait
Pour me faire une femme au gré de mon souhait.

(*) *Patrociner*, du latin *patrocinari*, protéger, prendre la défense. On en a fait *patrociner*, plaider, parler longuement.

Je l'ai donc retirée ; et, comme ma demeure
A cent sortes de gens est ouverte à toute heure,
Je l'ai mise à l'écart, comme il faut tout prévoir,
Dans cette autre maison où nul ne me vient voir;
Et, pour ne point gâter sa bonté naturelle,
Je n'y tiens que des gens tout aussi simples qu'elle.
Vous me direz, Pourquoi cette narration?
C'est pour vous rendre instruit de ma précaution.
Le résultat de tout est qu'en ami fidèle
Ce soir je vous invite à souper avec elle;
Je veux que vous puissiez un peu l'examiner,
Et voir si de mon choix on doit me condamner.

CHRYSALDE.

J'y consens.

ARNOLPHE.

   Vous pourrez, dans cette conférence,
Juger de sa personne et de son innocence.

CHRYSALDE.

Pour cet article-là, ce que vous m'avez dit
Ne peut...

ARNOLPHE.

   La vérité passe encor mon récit.
Dans ses simplicités à tous coups je l'admire,
Et parfois elle en dit dont je pâme de rire.
L'autre jour, pourroit-on se le persuader?
Elle étoit fort en peine, et me vint demander,
Avec une innocence à nulle autre pareille,
Si les enfants qu'on fait se faisoient par l'oreille.

CHRYSALDE.

Je me réjouis fort, seigneur Arnolphe...

ARNOLPHE.

         Bon !
Me voulez-vous toujours appeler de ce nom ?

CHRYSALDE.

Ah ! malgré que j'en aie, il me vient à la bouche,
Et jamais je ne songe à monsieur de La Souche.
Qui diable vous a fait aussi vous aviser
A quarante-deux ans de vous débaptiser,
Et d'un vieux tronc pourri de votre métairie
Vous faire dans le monde un nom de seigneurie ?

ARNOLPHE.

Outre que la maison par ce nom se connoît,
La Souche plus qu'Arnolphe à mes oreilles plaît.

CHRYSALDE.

Quel abus de quitter le vrai nom de ses pères.
Pour en vouloir prendre un bâti sur des chimères !
De la plupart des gens c'est la démangeaison ;
Et, sans vous embrasser dans la comparaison,
Je sais un paysan qu'on appeloit Gros-Pierre,
Qui, n'ayant pour tout bien qu'un seul quartier de terre,
Y fit tout alentour faire un fossé bourbeux,
Et de monsieur de l'Isle en prit le nom pompeux.

ARNOLPHE.

Vous pourriez vous passer d'exemple de la sorte.
Mais enfin de La Souche est le nom que je porte:
J'y vois de la raison, j'y trouve des appas ;
Et m'appeler de l'autre est ne m'obliger pas.

CHRYSALDE.

Cependant la plupart ont peine à s'y soumettre,
Et je vois même encor des adresses de lettre...

ARNOLPHE.

Je le souffre aisément de qui n'est pas instruit ;
Mais vous...

CHRYSALDE.

Soit : là-dessus nous n'aurons point de bruit ;
Et je prendrai le soin d'accoutumer ma bouche
A ne vous plus nommer que monsieur de La Souche.

ARNOLPHE.

Adieu. Je frappe ici pour donner le bonjour,
Et dire seulement que je suis de retour.

CHRYSALDE, à part, en s'en allant.

Ma foi, je le tiens fou de toutes les manières.

ARNOLPHE, seul.

Il est un peu blessé de certaines matières.
Chose étrange de voir comme avec passion
Un chacun est chaussé de son opinion !

(Il frappe à sa porte.)

Holà !

SCÈNE II.

ARNOLPHE ; ALAIN ET GEORGETTE
DANS LA MAISON.

ALAIN.

Qui heurte ?

ARNOLPHE.

(A part.)

Ouvrez. On aura, que je pense,
Grande joie à me voir après dix jours d'absence.

ALAIN.

Qui va là ?

ARNOLPHE.

Moi.

ALAIN.

Georgette!

GEORGETTE.

Hé bien?

ALAIN.

Ouvre là-bas.

GEORGETTE.

Vas-y, toi.

ALAIN.

Vas-y, toi.

GEORGETTE.

Ma foi, je n'irai pas.

ALAIN.

Je n'irai pas aussi.

ARNOLPHE.

Belle cérémonie.
Pour me laisser dehors! Holà, ho! je vous prie.

GEORGETTE.

Qui frappe?

ARNOLPHE.

Votre maître.

GEORGETTE.

Alain!

ALAIN.

Quoi?

GEORGETTE.

C'est monsieur.
Ouvre vite.

ALAIN.

Ouvre, toi.

ACTE I, SCÈNE II.

GEORGETTE.
Je souffle notre feu.

ALAIN.
J'empêche, peur du chat, que mon moineau ne sorte.

ARNOLPHE.
Quiconque de vous deux n'ouvrira pas la porte
N'aura point à manger de plus de quatre jours.
Ah !

GEORGETTE.
Par quelle raison y venir, quand j'y cours ?

ALAIN.
Pourquoi plutôt que moi ? Le plaisant stratagème !

GEORGETTE.
Ote-toi donc de là.

ALAIN.
Non, ôte-toi, toi-même.

GEORGETTE.
Je veux ouvrir la porte.

ALAIN.
Et je veux l'ouvrir, moi.

GEORGETTE.
Tu ne l'ouvriras pas.

ALAIN.
Ni toi non plus.

GEORGETTE.
Ni toi.

ARNOLPHE.
Il faut que j'aie ici l'âme bien patiente !

ALAIN, *en entrant.*
Au moins, c'est moi, monsieur.

GEORGETTE, en entrant.
Je suis votre servante;
C'est moi.

ALAIN.
Sans le respect de monsieur que voilà,
Je te...

ARNOLPHE, recevant un coup d'Alain.
Peste !

ALAIN.
Pardon.

ARNOLPHE.
Voyez ce lourdaud-là !

ALAIN.
C'est elle aussi, monsieur.

ARNOLPHE.
Que tous deux on se taise.
Songez à me répondre, et laissons la fadaise.
Hé bien ! Alain, comment se porte-t-on ici ?

ALAIN.
Monsieur, nous nous...
(Arnolphe ôte le chapeau de dessus la tête d'Alain.)
Monsieur, nous nous por...
(Arnolphe l'ôte encore.)
Dieu merci,
Nous nous...

ARNOLPHE, ôtant le chapeau d'Alain pour la troisième fois, et le jetant par terre.
Qui vous apprend, impertinente bête,
A parler devant moi le chapeau sur la tête ?

ALAIN.
Vous faites bien, j'ai tort.

ARNOLPHE, à Alain.
Faites descendre Agnès.

SCÈNE III.

ARNOLPHE, GEORGETTE.

ARNOLPHE.

Lorsque je m'en allai, fut-elle triste après?

GEORGETTE.

Triste? Non.

ARNOLPHE.

Non!

GEORGETTE.

Si fait.

ARNOLPHE.

Pourquoi donc...?

GEORGETTE.

Oui, je meure.
Elle vous croyoit voir de retour à toute heure ;
Et nous n'oyions jamais passer devant chez nous
Cheval, âne, ou mulet, qu'elle ne prît pour vous.

SCÈNE IV.

ARNOLPHE, AGNÈS, ALAIN, GEORGETTE.

ARNOLPHE.

La besogne à la main ! c'est un bon témoignage.
Hé bien, Agnès, je suis de retour du voyage :
En êtes-vous bien aise ?

AGNÈS.

Oui, monsieur, Dieu merci.

ARNOLPHE.

Et moi de vous revoir je suis bien aise aussi.
Vous vous êtes toujours, comme on voit, bien portée?

AGNÈS.

Hors les puces, qui m'ont la nuit inquiétée.

ARNOLPHE.

Ah! vous aurez dans peu quelqu'un pour les chasser.

AGNÈS.

Vous me ferez plaisir.

ARNOLPHE.

     Je le puis bien penser.
Que faites-vous donc là?

AGNÈS.

      Je me fais des cornettes.
Vos chemises de nuit et vos coiffes sont faites.

ARNOLPHE.

Ah! voilà qui va bien! Allez, montez là-haut:
Ne vous ennuyez point, je reviendrai tantôt,
Et je vous parlerai d'affaires importantes.

SCÈNE V.

ARNOLPHE.

Héroïnes du temps, mesdames les savantes,
Pousseuses de tendresses et de beaux sentiments,
Je défie à la fois tous vos vers, vos romans,
Vos lettres, billets doux, toute votre science,
De valoir cette honnête et pudique ignorance.
Ce n'est point par le bien qu'il faut être ébloui;
Et pourvu que l'honneur soit...

SCENE VI.
HORACE, ARNOLPHE.

ARNOLPHE.
Que vois-je ! Est-ce...? Oui.
Je me trompe. Nenni. Si fait. Non, c'est lui-même,
Hor...

HORACE.
Seigneur Ar...

ARNOLPHE.
Horace.

HORACE.
Arnolphe.

ARNOLPHE.
Ah ! joie extrême !
Et depuis quand ici ?

HORACE.
Depuis neuf jours.

ARNOLPHE.
Vraiment?

HORACE.
Je fus d'abord chez vous, mais inutilement.

ARNOLPHE.
J'étois à la campagne.

HORACE.
Oui, depuis dix journées.

ARNOLPHE.
Oh ! comme les enfants croissent en peu d'années!
J'admire de le voir au point où le voilà,
Après que je l'ai vu pas plus grand que cela.

HORACE.

Vous voyez.

ARNOLPHE.

Mais de grâce, Oronte votre père,
Mon bon et cher ami que j'estime et révère,
Que fait-il à présent? Est-il toujours gaillard?
A tout ce qui le touche il sait que je prends part :
Nous ne nous sommes vus depuis quatre ans en-
semble,
Ni, qui plus est, écrit l'un à l'autre, me semble.

HORACE.

Il est, seigneur Arnolphe, encor plus gai que nous :
Et j'avois de sa part une lettre pour vous ;
Mais depuis par une autre il m'apprend sa venue,
Et la raison encor ne m'en est pas connue.
Savez-vous qui peut être un de vos citoyens
Qui retourne en ces lieux avec beaucoup de biens
Qu'il s'est en quatorze ans acquis dans l'Amérique?

ARNOLPHE.

Non. Mais vous a-t-on dit comme on le nomme?

HORACE.

Enrique.

ARNOLPHE.

Non.

HORACE.

Mon père m'en parle, et qu'il est revenu,
Comme s'il devoit m'être entièrement connu,
Et m'écrit qu'en chemin ensemble ils se vont mettre
Pour un fait important que ne dit pas sa lettre.

(Horace remet la lettre d'Oronte à Arnolphe.)

ARNOLPHE.

J'aurai certainement grande joie à le voir,
Et pour le régaler je ferai mon pouvoir.
(Après avoir lu la lettre.)
Il faut pour les amis des lettres moins civiles,
Et tous ces compliments sont choses inutiles.
Sans qu'il prît le souci de m'en écrire rien,
Vous pouvez librement disposer de mon bien.

HORACE.

Je suis homme à saisir les gens par leurs paroles,
Et j'ai présentement besoin de cent pistoles.

ARNOLPHE.

Ma foi, c'est m'obliger que d'en user ainsi,
Et je me réjouis de les avoir ici.
Gardez aussi la bourse.

HORACE.
    Il faut...

ARNOLPHE.
           Laissons ce style.
Hé bien! comment encor trouvez-vous cette ville?

HORACE.

Nombreuse en citoyens, superbe en bâtiments;
Et j'en crois merveilleux les divertissements.

ARNOLPHE.

Chacun a ses plaisirs qu'il se fait à sa guise :
Mais pour ceux que du nom de galants on baptise,
Ils ont en ce pays de quoi se contenter,
Car les femmes y sont faites à coqueter :
On trouve d'humeur douce et la brune et la blonde,
Et les maris aussi les plus bénins du monde;

C'est un plaisir de prince, et des tours que je voi:
Je me donne souvent la comédie à moi.
Peut-être en avez-vous déjà féru (*) quelqu'une.
Vous est-il point encore arrivé de fortune ?
Les gens faits comme vous font plus que les écus,
Et vous êtes de taille à faire des cocus.

HORACE.

A ne vous rien cacher de la vérité pure,
J'ai d'amour en ces lieux eû certaine aventure,
Et l'amitié m'oblige à vous en faire part.

ARNOLPHE, à part.

Bon ! Voici de nouveau quelque conte gaillard !
Et ce sera de quoi mettre sur mes tablettes.

HORACE.

Mais, de grâce, qu'au moins ces choses soient secrètes.

ARNOLPHE.

Oh !

HORACE.

Vous n'ignorez pas qu'en ces occasions
Un secret éventé rompt nos prétentions.
Je vous avoûrai donc avec pleine franchise
Qu'ici d'une beauté mon âme s'est éprise.
Mes petits soins d'abord ont eu tant de succès,
Que je me suis chez elle ouvert un doux accès,
Et, sans trop me vanter ni lui faire une injure,
Mes affaires y sont en fort bonne posture.

ARNOLPHE, en riant.

Et c'est ?

(*) *Féru*, du verbe *férir*, frapper, blesser. Au figuré, *inspirer de l'amour.*

ACTE I, SCÈNE VI.

HORACE, *lui montrant le logis d'Agnès.*

Un jeune objet qui loge en ce logis
Dont vous voyez d'ici que les murs sont rougis;
Simple, à la vérité, par l'erreur sans seconde
D'un homme qui la cache au commerce du monde,
Mais qui, dans l'ignorance où l'on veut l'asservir,
Fait briller des attraits capables de ravir;
Un air tout engageant, je ne sais quoi de tendre
Dont il n'est point de cœur qui se puisse défendre.
Mais peut-être il n'est pas que vous n'ayez bien vu
Ce jeune astre d'amour de tant d'attraits pourvu :
C'est Agnès qu'on l'appelle.

ARNOLPHE, *à part.*

Ah! je crève!

HORACE.

Pour l'homme,
C'est, je crois, de La Zousse, ou Source, qu'on le nomme,
Je ne me suis pas fort arrêté sur le nom :
Riche, à ce qu'on m'a dit; mais des plus sensés, non :
Et l'on m'en a parlé comme d'un ridicule.
Le connoissez-vous point?

ARNOLPHE, *à part.*

La fâcheuse pilule!

HORACE.

Hé! vous ne dites mot?

ARNOLPHE.

Et oui, je le connoi.

HORACE.

C'est un fou, n'est-ce pas?

ARNORPHE.

Hé...

HORACE.

Qu'en dites-vous? Quoi!
Hé, c'est-à-dire, oui. Jaloux à faire rire?
Sot! Je vois qu'il en est ce que l'on m'a pu dire.
Enfin l'aimable Agnès a su m'assujétir.
C'est un joli bijou, pour ne vous point mentir;
Et ce seroit péché qu'une beauté si rare
Fût laissée au pouvoir de cet homme bizarre.
Pour moi, tous mes efforts, tous mes vœux les plus doux
Vont à m'en rendre maître en dépit des jaloux;
Et l'argent que de vous j'emprunte avec franchise
N'est que pour mettre à bout cette juste entreprise.
Vous savez mieux que moi, quels que soient nos efforts,
Que l'argent est la clef de tous les grands ressorts,
Et que ce doux métal qui frappe tant de têtes,
En amour comme en guerre, avance les conquêtes.
Vous me semblez chagrin! Seroit-ce qu'en effet
Vous désapprouveriez le dessein que j'ai fait?

ARNOLPHE.

Non, c'est que je songeois...

HORACE.

Cet entretien vous lasse.
Adieu. J'irai chez vous tantôt vous rendre grâce.

ARNOLPHE, *se croyant seul.*

Ah! faut-il!...

ACTE I, SCÈNE VI.

HORACE, *revenant.*

Derechef, veuillez être discret,
Et n'allez pas, de grâce, éventer mon secret.

ARNOLPHE, *se croyant seul.*

Que je sens dans mon âme... !

HORACE, *revenant.*

Et surtout à mon père,
Qui s'en feroit peut-être un sujet de colère.

ARNOLPHE, *croyant qu'Horace revient encore.*

Oh... !

SCÈNE VII.
ARNOLPHE.

Ou ! que j'ai souffert durant cet entretien !
Jamais trouble d'esprit ne fut égal au mien.
Avec quelle imprudence et quelle hâte extrême
Il m'est venu conter cette affaire à moi-même !
Bien que mon autre nom le tienne dans l'erreur,
Étourdi montra-t-il jamais tant de fureur ?
Mais, ayant tant souffert, je devois me contraindre
Jusques à m'éclaircir de ce que je dois craindre,
A pousser jusqu'au bout son caquet indiscret,
Et savoir pleinement leur commerce secret.
Tâchons de le rejoindre ; il n'est pas loin, je pense :
Tirons-en de ce fait l'entière confidence.
Je tremble du malheur qui m'en peut arriver,
Et l'on cherche souvent plus qu'on ne veut trouver.

FIN DU PREMIER ACTE.

ACTE SECOND.

SCÈNE I.

ARNOLPHE.

Il m'est, lorsque j'y pense, avantageux sans doute
D'avoir perdu mes pas, et pu manquer sa route :
Car enfin de mon cœur le trouble impérieux
N'eût pu se renfermer tout entier à ses yeux ;
Il eût fait éclater l'ennui qui me dévore,
Et je ne voudrois pas qu'il sût ce qu'il ignore.
Mais je ne suis pas homme à gober le morceau,
Et laisser un champ libre aux yeux d'un damoiseau;
J'en veux rompre le cours, et, sans tarder, apprendre
Jusqu'où l'intelligence entre eux a pu s'étendre :
J'y prends pour mon honneur un notable intérêt;
Je la regarde en femme aux termes qu'elle en est;
Elle n'a pu faillir sans me couvrir de honte,
Et tout ce qu'elle fait enfin est sur mon compte.
Éloignement fatal ! voyage malheureux !
(Il frappe à sa porte.)

SCÈNE II.

ARNOLPHE, ALAIN, GEORGETTE.

ALAIN.
Ah ! monsieur, cette fois...

ACTE II, SCÈNE II.

ARNOLPHE.

    Paix. Venez çà, tous deux.
Passez là, passez là. Venez là, venez, dis-je.

GEORGETTE.

Ah! vous me faites peur, et tout mon sang se fige.

ARNOLPHE.

C'est donc ainsi qu'absent vous m'avez obéi?
Et tous deux de concert vous m'avez donc trahi?

GEORGETTE, tombant aux genoux d'Arnolphe.

Hé, ne me mangez pas, monsieur, je vous conjure.

ALAIN, à part.

Quelque chien enragé l'a mordu, je m'assure.

ARNOLPHE, à part.

Ouf! Je ne puis parler, tant je suis prévenu (*);
Je suffoque, et voudrois me pouvoir mettre nu.
  (A Alain et à Georgette.)
Vous avez donc souffert, ô canaille maudite!
    (A Alain qui veut s'enfuir.)
Qu'un homme soit venu...? Tu veux prendre la
         fuite!
  (A Georgette.)
Il faut que sur-le-champ... Si tu bouges... Je veux
  (A Alain.)
Que vous me disiez... Hé! oui, je veux que tous
        deux...
(Alain et Georgette se lèvent et veulent encore s'enfuir.
Quiconque remûra, par la mort! je l'assomme.
Comme est-ce que chez moi s'est introduit cet
        homme?
Hé! parlez. Dépêchez, vite, promptement, tôt,
Sans rêver. Veut-on dire?

(*) *Prévenu*, agité.

ALAIN et GEORGETTE.
Ah! ah!
GEORGETTE, retombant aux genoux d'Arnolphe.
Le cœur me faut.
ALAIN, retombant aux genoux d'Arnolphe.
Je meurs.
ARNOLPHE, à part.
Je suis en eau : prenons un peu d'haleine ;
Il faut que je m'évente et que je me promène.
Aurois-je deviné, quand je l'ai vu petit,
Qu'il croîtroit pour cela? Ciel! que mon cœur pâtit!
Je pense qu'il vaut mieux que de sa propre bouche
Je tire avec douceur l'affaire qui me touche.
Tâchons à modérer notre ressentiment.
Patience, mon cœur, doucement, doucement.
(A Alain et à Georgette.)
Levez-vous, et, rentrant, faites qu'Agnès descende.
(A part.)
Arrêtez. Sa surprise en deviendroit moins grande :
Du chagrin qui me trouble ils iroient l'avertir,
Et moi-même je veux l'aller faire sortir.
(A Alain et à Georgette.)
Que l'on m'attende ici.

SCÈNE III.
ALAIN, GEORGETTE.
GEORGETTE.
Mon Dieu! qu'il est terrible!
Ses regards m'ont fait peur, mais une peur horrible;
Et jamais je ne vis un plus hideux chrétien.
ALAIN.
Ce monsieur l'a fâché ; je te le disois bien.

ACTE II, SCÈNE III.

GEORGETTE.

Mais que diantre est-ce là, qu'avec tant de rudesse
Il nous fait au logis garder notre maîtresse ?
D'où vient qu'à tout le monde il veut tant la cacher,
Et qu'il ne sauroit voir personne en approcher ?

ALAIN.

C'est que cette action le met en jalousie.

GEORGETTE.

Mais d'où vient qu'il est pris de cette fantaisie ?

ALAIN.

Cela vient... Cela vient de ce qu'il est jaloux.

GEORGETTE

Oui: mais pourquoi l'est-il ? et pourquoi ce courroux ?

ALAIN.

C'est que la jalousie... entends-tu bien, Georgette ?
Est une chose... là... qui fait qu'on s'inquiète...
Et qui chasse les gens d'autour d'une maison.
Je m'en vais te bailler une comparaison,
Afin de concevoir la chose davantage :
Dis-moi, n'est-il pas vrai, quand tu tiens ton potage,
Que, si quelque affamé venoit pour en manger,
Tu serois en colère, et voudrois le charger ?

GEORGETTE.

Oui, je comprends cela.

ALAIN.

C'est justement tout comme.
La femme est en effet le potage de l'homme ;
Et quand un homme voit d'autres hommes parfois
Qui veulent dans sa soupe aller tremper leurs doigts,
Il en montre aussitôt une colère extrême.

GEORGETTE.

Oui : mais pourquoi chacun n'en fait-il pas de même,
Et que nous en voyons qui paroissent joyeux
Lorsque leurs femmes sont avec les beaux monsieux?

ALAIN.

C'est que chacun n'a pas cette amitié goulue
Qui n'en veut que pour soi.

GEORGETTE.

Si je n'ai la berlue,
Je le vois qui revient.

ALAIN.

Tes yeux sont bons, c'est lui.

GEORGETTE.

Vois comme il est chagrin.

ALAIN.

C'est qu'il a de l'ennui.

SCÈNE IV.

ARNOLPHE, ALAIN, GEORGETTE.

ARNOLPHE, à part.

Un certain Grec disoit à l'empereur Auguste,
Comme une instruction utile autant que juste,
Que, lorsqu'une aventure en colère nous met,
Nous devons avant tout, dire notre alphabet,
Afin que dans ce temps la bile se tempère,
Et qu'on ne fasse rien que l'on ne doive faire.
J'ai suivi sa leçon sur le sujet d'Agnès,
Et je la fais venir dans ce lieu tout exprès,
Sous prétexte d'y faire un tour de promenade,
Afin que les soupçons de mon esprit malade

Puissent sur le discours la mettre adroitement,
Et, lui sondant le cœur, s'éclaircir doucement.

SCÈNE V.
ARNOLPHE, AGNÈS, ALAIN, GEORGETTE.

ARNOLPHE.

Venez, Agnès.
(A Alain et à Georgette.)
Rentrez.

SCÈNE VI.
ARNOLPHE, AGNÈS.

ARNOLPHE.

La promenade est belle.

AGNÈS.

Fort belle.

ARNOLPHE.

Le beau jour !

AGNÈS.

Fort beau.

ARNOLPHE.

Quelle nouvelle ?

AGNÈS.

Le petit chat est mort.

ARNOLPHE.

C'est dommage ; mais quoi !
Nous sommes tous mortels, et chacun est pour soi.
Lorsque j'étois aux champs, n'a-t-il point fait de
pluie ?

AGNÈS.

Non.

ARNOLPHE.

Vous ennuyoit-il?

AGNÈS.

Jamais je ne m'ennuie.

ARNOLPHE.

Qu'avez-vous fait encor ces neuf ou dix jours-ci?

AGNÈS.

Six chemises, je pense, et six coiffes aussi.

ARNOLPHE, *après avoir un peu rêvé.*

Le monde, chère Agnès, est une étrange chose!
Voyez la médisance, et comme chacun cause!
Quelques voisins m'ont dit qu'un jeune homme inconnu
Étoit en mon absence à la maison venu;
Que vous aviez souffert sa vue et ses harangues:
Mais je n'ai point pris foi sur ces méchantes langues,
Et j'ai voulu gager que c'étoit faussement...

AGNÈS.

Mon Dieu! ne gagez pas, vous perdriez vraiment.

ARNOLPHE.

Quoi! c'est la vérité qu'un homme...?

AGNÈS.

Chose sûre.
Il n'a presque bougé de chez nous, je vous jure.

ARNOLPHE, *bas, à part.*

Cet aveu qu'elle fait avec sincérité
Me marque pour le moins son ingénuité.

ACTE II, SCÈNE VI.

(Haut.)
Mais il me semble, Agnès, si ma mémoire est bonne,
Que j'avois défendu que vous vissiez personne.

AGNÈS.

Oui : mais quand je l'ai vu, vous ignoriez pourquoi ;
Et vous en auriez fait sans doute autant que moi.

ARNOLPHE.

Peut-être. Mais enfin contez-moi cette histoire.

AGNÈS.

Elle est fort étonnante, et difficile à croire.
J'étois sur le balcon à travailler au frais,
Lorsque je vis passer sous les arbres d'auprès
Un jeune homme bien fait, qui, rencontrant ma vue,
D'un humble révérence aussitôt me salue :
Moi, pour ne point manquer à la civilité,
Je fis la révérence aussi de mon côté.
Soudain il me refait une autre révérence ;
Moi, j'en refais de même une autre en diligence :
Et lui d'une troisième aussitôt repartant,
D'une troisième aussi j'y repars à l'instant.
Il passe, vient, repasse, et toujours, de plus belle,
Me fait à chaque fois révérence nouvelle ;
Et moi, qui tous ses tours fixement regardois,
Nouvelle révérence aussi je lui rendois :
Tant que, si sur ce point la nuit ne fût venue,
Toujours comme cela je me serois tenue,
Ne voulant point céder, ni recevoir l'ennui
Qu'il me pût estimer moins civile que lui.

ARNOLPHE.

Fort bien.

AGNÈS.

Le lendemain, étant sur notre porte,
Une vieille m'aborde, en parlant de la sorte :
« Mon enfant, le bon Dieu puisse-t-il vous bénir,
» Et dans tous vos attraits long-temps vous main-
tenir !
» Il ne vous a pas faite une belle personne
» Afin de mal user des choses qu'il vous donne;
» Et vous devez savoir que vous avez blessé
» Un cœur qui de s'en plaindre est aujourd'hui
forcé. »

ARNOLPHE, à part.

Ah ! suppôt de Satan ! exécrable damnée !

AGNÈS.

Moi, j'ai blessé quelqu'un ! fis-je tout étonnée.
« Oui, dit-elle, blessé, mais blessé tout de bon;
» Et c'est l'homme qu'hier vous vîtes du balcon. »
Hélas ! qui pourroit, dis-je, en avoir été cause ?
Sur lui, sans y penser, fis-je choir quelque chose ?
« Non, dit-elle ; vos yeux ont fait ce coup fatal,
» Et c'est de leurs regards qu'est venu tout son mal.»
Hé ! mon Dieu ! ma surprise est, fis-je, sans seconde ;
Mes yeux ont-ils du mal pour en donner au monde ?
« Oui, fit-elle, vos yeux pour causer le trépas,
» Ma fille, ont un venin que vous ne savez pas.
» En un mot, il languit, le pauvre misérable ;
» Et, s'il faut, poursuivit la vieille charitable,
» Que votre cruauté lui refuse un secours,
» C'est un homme à porter en terre dans deux jours.»
Mon Dieu ! j'en aurois, dis-je, une douleur bien
grande.

Mais pour le secourir qu'est-ce qu'il me demande ?
« Mon enfant, me dit-elle ; il ne veut obtenir
» Que le bien de vous voir et vous entretenir ;
» Vos yeux peuvent eux seuls empêcher sa ruine,
» Et du mal qu'ils ont fait être la médecine. »
Hélas! volontiers, dis-je ; et puisqu'il est ainsi,
Il peut, tant qu'il voudra, me venir voir ici.

ARNOLPHE, part.

Ah! sorcière maudite, empoisonneuse d'âmes,
Puisse l'enfer payer tes charitables trames !

AGNÈS.

Voilà comme il me vit, et reçut guérison.
Vous-même, à votre avis, n'ai-je pas eu raison?
Et pouvois-je, après tout, avoir la conscience
De le laisser mourir faute d'une assistance?
Moi qui compatis tant aux gens qu'on fait souffrir,
Et ne puis, sans pleurer, voir un poulet mourir?

ARNOLPHE, bas, à part.

Tout cela n'est parti que d'une âme innocente ;
Et j'en dois accuser mon absence imprudente,
Qui sans guide a laissé cette bonté de mœurs
Exposée aux aguets des rusés séducteurs.
Je crains que le pendard, dans ses vœux téméraires,
Un peu plus fort que jeu n'ait poussé les affaires.

AGNÈS.

Qu'avez-vous ? Vous grondez, ce me semble, un
                                  petit (*) ?
Est-ce que c'est mal fait ce que je vous ai dit?

(*) *Un petit*, pour *un peu*.

ARNOLPHE.

Non. Mais de cette vue apprenez-moi les suites,
Et comme le jeune homme a passé ses visites.

AGNÈS.

Hélas ! si vous saviez comme il étoit ravi,
Comme il perdit son mal sitôt que je le vi,
Le présent qu'il m'a fait d'une belle cassette,
Et l'argent qu'en ont eu notre Alain et Georgette,
Vous l'aimeriez sans doute, et diriez comme nous.

ARNOLPHE.

Oui. Mais que faisoit-il étant seul avec vous ?

AGNÈS.

Il disoit qu'il m'aimoit d'un amour sans seconde,
Et me disoit des mots les plus gentils du monde,
Des choses que jamais rien ne peut égaler,
Et dont, toutes les fois que je l'entends parler,
La douceur me chatouille, et là-dedans remue
Certain je ne sais quoi dont je suis toute émue.

ARNOLPHE, bas, à part.

O fâcheux examen d'un mystère fatal,
Où l'examinateur souffre seul tout le mal !
(Haut.)
Outre tous ces discours, toutes ces gentillesses,
Ne vous faisoit-il point aussi quelques caresses?

AGNÈS.

Oh tant ! il me prenoit et les mains et les bras,
Et de me les baiser il n'étoit jamais las.

ARNOLPHE.

Ne vous a-t-il point pris, Agnès, quelque autre
 chose ?
(La voyant interdite.)
Ouf!

ACTE II, SCÈNE VI.

AGNÈS.

Hé ! il m'a....

ARNOLPHE.

Quoi ?

AGNÈS.

Pris....

ARNOLPHE.

Hé !

AGNÈS.

Le...

ARNOLPHE.

Plaît-il ?

AGNÈS.

Je n'ose,
Et vous vous fâcherez peut-être contre moi.

ARNOLPHE.

Non.

AGNÈS.

Si fait.

ARNOLPHE.

Mon Dieu ! non.

AGNÈS.

Jurez donc votre foi.

ARNOLPHE.

Ma foi, soit.

AGNÈS.

Il m'a pris... Vous serez en colère.

ARNOLPHE.

Non.

AGNÈS.

Si.

ARNOLPHE.

Non, non, non, non. Diantre! que de mystère!
Qu'est-ce qu'il vous a pris?

AGNÈS.

Il...

ARNOLPHE, à part.

Je souffre en damné.

AGNÈS.

Il m'a pris le ruban que vous m'aviez donné.
A vous dire le vrai, je n'ai pu m'en défendre.

ARNOLPHE, reprenant haleine.

Passe pour le ruban. Mais je voulois apprendre
S'il ne vous a rien fait que vous baiser les bras.

AGNÈS.

Comment! est-ce qu'on fait d'autres choses?

ARNOLPHE.

Non pas.
Mais, pour guérir du mal qu'il dit qui le possède,
N'a-t-il pas exigé de vous d'autre remède?

AGNÈS.

Non. Vous pouvez juger, s'il en eût demandé,
Que pour le secourir j'aurois tout accordé.

ARNOLPHE, bas, à part.

Grâce aux bontés du ciel, j'en suis quitte à bon compte.
Si j'y retombe plus, je veux bien qu'on m'affronte(*).

_____

(*) *Affronte*, pour faire *affront*.

ACTE II, SCÈNE VI.

(Haut.)
Chut. De votre innocence, Agnès, c'est un effet ;
Je ne vous en dis mot. Ce qui s'est fait est fait.
Je sais qu'en vous flattant le galant ne désire
Que de vous abuser, et puis après s'en rire.

AGNÈS.
Oh! point. Il me l'a dit plus de vingt fois à moi.

ARNOLPHE.
Ah! vous ne savez pas ce que c'est que sa foi.
Mais enfin apprenez qu'accepter des cassettes
Et de ces beaux blondins écouter les sornettes,
Que se laisser par eux, à force de langueur,
Baiser ainsi les mains et chatouiller le cœur,
Est un péché mortel des plus gros qu'il se fasse.

AGNÈS.
Un péché, dites-vous? Et la raison, de grâce?

ARNOLPHE.
La raison? La raison est l'arrêt prononcé
Que par ces actions le ciel est courroucé.

AGNÈS.
Courroucé! Mais pourquoi faut-il qu'il s'en cour-
rouce?
C'est une chose, hélas ! si plaisante et si douce!
J'admire quelle joie on goûte à tout cela,
Et je ne savois point encor ces choses-là.

ARNOLPHE.
Oui, c'est un grand plaisir que toutes ces tendresses,
Ces propos si gentils, et ces douces caresses ;
Mais il faut le goûter en toute honnêteté,
Et qu'en se mariant le crime en soit ôté.

AGNÈS.

N'est-ce plus un péché, lorsque l'on se marie ?

ARNOLPHE.

Non.

AGNÈS.

Mariez-moi donc promptement, je vous prie.

ARNOLPHE.

Si vous le souhaitez, je le souhaite aussi ;
Et pour vous marier on me revoit ici.

AGNÈS.

Est-il possible ?

ARNOLPHE.

Oui.

AGNÈS.

Que vous me ferez aise !

ARNOLPHE.

Oui, je ne doute point que l'hymen ne vous plaise.

AGNÈS.

Vous nous voulez nous deux... ?

ARNOLPHE.

Rien de plus assuré.

AGNÈS.

Que, si cela se fait, je vous caresserai !

ARNOLPHE.

Hé ! la chose sera de ma part réciproque.

AGNÈS.

Je ne reconnois point, pour moi, quand on se moque ;
Parlez-vous tout de bon ?

ARNOLPHE.

Oui, vous le pourrez voir.

AGNÈS.

Nous serons mariés ?

ARNOLPHE.

Oui.

AGNÈS.

Mais quand ?

ARNOLPHE.

Dès ce soir.

AGNÈS, riant.

Dès ce soir ?

ARNOLPHE.

Dès ce soir. Cela vous fait donc rire ?

AGNÈS.

Oui.

ARNOLPHE.

Vous voir bien contente est ce que je désire.

AGNÈS.

Hélas ! que je vous ai grande obligation,
Et qu'avec lui j'aurai de satisfaction !

ARNOLPHE.

Avec qui !

AGNÈS.

Avec... Là...

ARNOLPHE.

Là... là n'est pas mon compte.
A choisir un mari vous êtes un peu prompte.
C'est un autre, en un mot, que je vous tiens tout prêt.
Et quant au monsieur Là, je prétends, s'il vous plaît,
Dût le mettre au tombeau le mal dont il vous berce,
Qu'avec lui désormais vous rompiez tout commerce,

Que, venant au logis, pour votre compliment,
Vous lui fermiez au nez la porte honnêtement,
Et, lui jetant, s'il heurte, un grès par la fenêtre,
L'obligiez tout de bon à ne plus y paroître.
M'entendez-vous, Agnès ? Moi, caché dans un coin,
De votre procédé je serai le témoin.

AGNÈS.

Las ! il est si bien fait ! C'est...

ARNOLPHE.

Ah ! que de langage !

AGNÈS.

Je n'aurai pas le cœur...

ARNOLPHE.

Point de bruit davantage.
Montez là-haut.

AGNÈS.

Mais quoi ! voulez-vous... ?

ARNOLPHE.

C'est assez.
Je suis maître, je parle ; allez, obéissez.

FIN DU SECOND ACTE.

ACTE TROISIÈME.

SCÈNE I.
ARNOLPHE, AGNÈS, ALAIN, GEORGETTE.

ARNOLPHE.

Oui, tout a bien été, ma joie est sans pareille :
Vous avez là suivi mes ordres à merveille,
Confondu de tout point le blondin séducteur ;
Et voilà de quoi sert un sage directeur.
Votre innocence, Agnès, avoit été surprise :
Voyez, sans y penser, où vous vous étiez mise.
Vous enfiliez tout droit, sans mon instruction,
Le grand chemin d'enfer et de perdition.
De tous ces damoiseaux on sait trop les coutumes :
Ils ont de beaux canons, force rubans et plumes,
Grands cheveux, belles dents, et des propos fort doux ;
Mais, comme je vous dis, la griffe est là-dessous,
Et ce sont vrais satans, dont la gueule altérée
De l'honneur féminin cherche à faire curée.
Mais encore une fois, grâce au soin apporté,
Vous en êtes sortie avec honnêteté.
L'air dont je vous ai vu lui jeter cette pierre,
Qui de tous ses desseins a mis l'espoir par terre,

Me confirme encor mieux à ne point différer
Les noces où j'ai dit qu'il vous faut préparer.
Mais, avant toute chose, il est bon de vous faire
Quelque petit discours qui vous soit salutaire.
(A Georgette et à Alain.)
Un siége au frais ici. Vous, si jamais en rien...

GEORGETTE.

De toutes vos leçons nous nous souviendrons bien.
Cet autre monsieur-là nous en faisoit accroire.
Mais...

ALAIN.

S'il entre jamais, je veux jamais ne boire.
Aussi-bien est-ce un sot, il nous a l'autre fois
Donné deux écus d'or qui n'étoient pas de poids.

ARNOLPHE.

Ayez donc pour souper tout ce que je désire ;
Et pour notre contrat, comme je viens de dire,
Faites venir ici, l'un ou l'autre, au retour,
Le notaire qui loge au coin du carrefour.

SCÈNE II.
ARNOLPHE, AGNÈS.

ARNOLPHE, assis.

Agnès, pour m'écouter, laissez là votre ouvrage :
Levez un peu la tête, et tournez le visage :
(Mettant le doigt sur son front.)
Là, regardez-moi là durant cet entretien :
Et, jusqu'au moindre mot, imprimez-le-vous bien.
Je vous épouse, Agnès ; et, cent fois la journée,
Vous devez bénir l'heur de votre destinée,
Contempler la bassesse où vous avez été,

ACTE III, SCÈNE II.

Et dans le même temps admirer ma bonté,
Qui de ce vil état de pauvre villageoise
Vous fait monter au rang d'honorable bourgeoise,
Et jouir de la couche et des embrassements
D'un homme qui fuyoit tous ces engagements,
Et dont, à vingt partis fort capable de plaire,
Le cœur a refusé l'honneur qu'il vous veut faire.
Vous devez toujours, dis-je, avoir devant les yeux
Le peu que vous étiez sans ce nœud glorieux,
Afin que cet objet d'autant mieux vous instruise
A mériter l'état où je vous aurai mise,
A toujours vous connoître, et faire qu'à jamais
Je puisse me louer de l'acte que je fais.
Le mariage, Agnès, n'est pas un badinage :
A d'austères devoirs le rang de femme engage ;
Et vous n'y montez pas, à ce que je prétends,
Pour être libertine et prendre du bon temps.
Votre sexe n'est là que pour la dépendance :
Du côté de la barbe est la toute-puissance.
Bien qu'on soit deux moitiés de la société,
Ces deux moitiés pourtant n'ont point d'égalité :
L'une est moitié suprême, et l'autre subalterne ;
L'une en tout est soumise à l'autre qui gouverne ;
Et ce que le soldat dans son devoir instruit
Montre d'obéissance au chef qui le conduit,
Le valet à son maître, un enfant à son père,
A son supérieur le moindre petit frère,
N'approche point encor de la docilité,
Et de l'obéissance, et de l'humilité,
Et du profond respect où la femme doit être
Pour son mari, son chef, son seigneur et son maître.

Lorsqu'il jette sur elle un regard sérieux,
Son devoir aussitôt est de baisser les yeux,
Et de n'oser jamais le regarder en face,
Que quand d'un doux regard il lui veut faire grâce.
C'est ce qu'entendent mal les femmes d'aujourd'hui:
Mais ne vous gâtez pas sur l'exemple d'autrui.
Gardez-vous d'imiter ces coquettes vilaines
Dont par toute la ville on chante les fredaines,
Et de vous laisser prendre aux assauts du malin,
C'est-à-dire d'ouïr aucun jeune blondin.
Songez qu'en vous faisant moitié de ma personne,
C'est mon honneur, Agnès, que je vous abandonne,
Que cet honneur est tendre, et se blesse de peu ;
Que sur un tel sujet il ne faut point de jeu,
Et qu'il est aux enfers des chaudières bouillantes
Où l'on plonge à jamais les femmes mal vivantes.
Ce que je vous dis là ne sont pas des chansons ;
Et vous devez du cœur dévorer ces leçons.
Si votre âme les suit, et fuit d'être coquette,
Elle sera toujours, comme un lis, blanche et nette :
Mais s'il faut qu'à l'honneur elle fasse un faux bond,
Elle deviendra lors noire comme un charbon ;
Vous paroîtrez à tous un objet effroyable,
Et vous irez un jour, vrai partage du diable,
Bouillir dans les enfers à toute éternité,
Dont vous veuille garder la céleste bonté !
Faites la révérence. Ainsi qu'une novice
Par cœur dans le couvent doit savoir son office,
Entrant au mariage il en faut faire autant ;
Et voici dans ma poche un écrit important
Qui vous enseignera l'office de la femme.

J'en ignore l'auteur, mais c'est quelque bonne âme;
Et je veux que ce soit votre unique entretien.
(Il se lève.)
Tenez. Voyons un peu si vous le lirez bien.

AGNÈS lit.

LES MAXIMES DU MARIAGE,

ou

LES DEVOIRS DE LA FEMME MARIÉE,

avec son exercice journalier.

PREMIÈRE MAXIME.

CELLE qu'un lien honnête
Fait entrer au lit d'autrui
Doit se mettre dans la tête,
Malgré le train d'aujourd'hui,
Que l'homme qui la prend ne la prend que pour lui.

ARNOLPHE.

Je vous expliquerai ce que cela veut dire :
Mais pour l'heure présente il ne faut rien que lire.

AGNÈS poursuit.

DEUXIÈME MAXIME.

ELLE ne se doit parer
Qu'autant que peut désirer
Le mari qui la possède.
C'est lui que touche seul le soin de sa beauté ;
Et pour rien doit être compté
Que les autres la trouvent laide.

TROISIÈME MAXIME.

LOIN ces études d'œillades,
Ces eaux, ces blancs, ces pommades ;

Et mille ingrédients qui font des teints fleuris :
A l'honneur, tous les jours, ce sont drogues mor-
telles,
Et les soins de paroître belles
Se prennent peu pour les maris.

QUATRIÈME MAXIME.

Sous sa coiffe en sortant, comme l'honneur l'or-
donne,
Il faut que de ses yeux elle étouffe les coups ;
Car, pour bien plaire à son époux,
Elle ne doit plaire à personne.

CINQUIÈME MAXIME.

Hors ceux dont au mari la visite se rend,
La bonne règle défend
De recevoir aucune âme :
Ceux qui de galante humeur
N'ont affaire qu'à madame
N'accommodent pas monsieur.

SIXIÈME MAXIME.

Il faut des présents des hommes
Qu'elle se défende bien ;
Car, dans le siècle où nous sommes,
On ne donne rien pour rien.

SEPTIÈME MAXIME.

Dans ses meubles, dût-elle en avoir de l'ennui,
Il ne faut écritoire, encre, papier, ni plumes :
Le mari doit, dans les bonnes coutumes,
Écrire tout ce qui s'écrit chez lui.

HUITIÈME MAXIME.

Ces sociétés déréglées
Qu'on nomme belles assemblées,

Des femmes tous les jours corrompent les esprits :
En bonne politique on les doit interdire,
　Car c'est là que l'on conspire
　Contre les pauvres maris.
NEUVIÈME MAXIME.
Toute femme qui veut à l'honneur se vouer
　Doit se défendre de jouer,
　Comme d'une chose funeste :
　Car le jeu, fort décevant,
　Pousse une femme souvent
　A jouer de tout son reste.
DIXIÈME MAXIME.
　Des promenades du temps,
　Ou repas qu'on donne aux champs,
　Il ne faut point qu'elle essaie.
　Selon les prudents cerveaux,
　Le mari dans ces cadeaux
　Est toujours celui qui paie.
ONZIÈME MAXIME.

ARNOLPHE.

Vous achèverez seule ; et, pas à pas, tantôt
Je vous expliquerai ces choses comme il faut.
Je me suis souvenu d'une petite affaire :
Je n'ai qu'un mot à dire, et ne tarderai guère.
Rentrez, et conservez ce livre chèrement.
Si le notaire vient, qu'il m'attende un moment.

SCÈNE III.
ARNOLPHE.

Je ne puis faire mieux que d'en faire ma femme.
Ainsi que je voudrai, je tournerai cette âme ;

Comme un morceau de cire entre mes mains elle est,
Et je lui puis donner la forme qui me plaît.
Il s'en est peu fallu que, durant mon absence,
On ne m'ait attrapé par son trop d'innocence;
Mais il vaut beaucoup mieux, à dire vérité,
Que la femme qu'on a pèche de ce côté.
De ces sortes d'erreurs le remède est facile.
Toute personne simple aux leçons est docile;
Et, si du bon chemin on la fait écarter,
Deux mots incontinent l'y peuvent rejeter.
Mais une femme habile est bien une autre bête :
Notre sort ne dépend que de sa seule tête,
De ce qu'elle s'y met rien ne la fait gauchir (*),
Et nos enseignements ne font là que blanchir :
Son bel esprit lui sert à railler nos maximes,
A se faire souvent des vertus de ses crimes,
Et trouver, pour venir à ses coupables fins,
Des détours à duper l'adresse des plus fins.
Pour se parer du coup en vain on se fatigue :
Une femme d'esprit est un diable en intrigue;
Et, dès que son caprice a prononcé tout bas
L'arrêt de notre honneur, il faut passer le pas :
Beaucoup d'honnêtes gens en pourroient bien que dire.
Enfin mon étourdi n'aura pas lieu d'en rire;
Par son trop de caquet il a ce qu'il lui faut.
Voilà de nos François l'ordinaire défaut :

(*) *Gauchir*; vieux mot qui signifie *détourner*.

ACTE III, SCÈNE III.

Dans la possession d'une bonne fortune,
Le secret est toujours ce qui les importune;
Et la vanité sotte a pour eux tant d'appas,
Qu'ils se pendroient plutôt que de ne causer pas.
Oh! que les femmes sont du diable bien tentées,
Lorsqu'elles vont choisir ces têtes éventées!
Et que... Mais le voici. Cachons-nous toujours bien,
Et découvrons un peu quel chagrin est le sien.

SCÈNE IV.

HORACE, ARNOLPHE.

HORACE.

Je reviens de chez vous, et le destin me montre
Qu'il n'a pas résolu que je vous y rencontre.
Mais j'irai tant de fois, qu'enfin quelque moment...

ARNOLPHE.

Hé! mon Dieu! n'entrons point dans ce vain compliment :
Rien ne me fâche tant que ces cérémonies;
Et, si l'on m'en croyoit, elles seroient bannies.
C'est un maudit usage; et la plupart des gens
Y perdent sottement les deux tiers de leur temps.
        (Il se couvre.)
Mettons donc sans façon. Hé bien! vos amourettes?
Puis-je, seigneur Horace, apprendre où vous en êtes?
J'étois tantôt distrait par quelque vision ;
Mais depuis là-dessus j'ai fait réflexion.
De vos premiers progrès j'admire la vitesse,
Et dans l'événement mon âme s'intéresse.

HORACE.

Ma foi, depuis qu'à vous s'est découvert mon cœur,
Il est à mon amour arrivé du malheur.

ARNOLPHE.

Oh! oh! comment cela?

HORACE.

     La fortune cruelle
A ramené des champs le patron de la belle.

ARNOLPHE.

Quel malheur!

HORACE.

   Et de plus, à mon très-grand regret,
Il a su de nous deux le commerce secret.

ARNOLPHE.

D'où diantre a-t-il sitôt appris cette aventure?

HORACE.

Je ne sais : mais enfin c'est une chose sûre.
Je pensois aller rendre, à mon heure à peu près,
Ma petite visite à ses jeunes attraits,
Lorsque, changeant pour moi de ton et de visage,
Et servante et valet m'ont bouché le passage,
Et d'un, *Retirez-vous, vous nous importunez*,
M'ont assez rudement fermé la porte au nez.

ARNOLPHE.

La porte au nez!

HORACE.

  Au nez.

ARNOLPHE.

     La chose est un peu forte.

ACTE III, SCÈNE IV.

HORACE.

J'ai voulu leur parler au travers de la porte ;
Mais à tous mes propos ce qu'ils ont répondu,
C'est, *Vous n'entrerez point, monsieur l'a défendu.*

ARNOLPHE.

Ils n'ont donc point ouvert ?

HORACE.

Non. Et de la fenêtre
Agnès m'a confirmé le retour de ce maître,
En me chassant de là d'un ton plein de fierté,
Accompagné d'un grès que sa main a jeté.

ARNOLPHE.

Comment ! d'un grès !

HORACE.

D'un grès de taille non petite,
Dont on a par ses mains régalé ma visite.

ARNOLPHE.

Diantre ! ce ne sont pas des prunes que cela !
Et je trouve fâcheux l'état où vous voilà.

HORACE.

Il est vrai, je suis mal par ce retour funeste.

ARNOLPHE.

Certes, j'en suis fâché pour vous, je vous proteste.

HORACE.

Cet homme me rompt tout.

ARNOLPHE.

Oui ; mais cela n'est rien,
Et de vous raccrocher vous trouverez moyen.

HORACE.

Il faut bien essayer, par quelque intelligence,
De vaincre du jaloux l'exacte vigilance.

ARNOLPHE.

Cela vous est facile ; et la fille, après tout,
Vous aime.

HORACE.

Assurément.

ARNOLPHE.

Vous en viendrez à bout.

HORACE.

Je l'espère.

ARNOLPHE.

Le grès vous a mis en déroute ;
Mais cela ne doit pas vous étonner.

HORACE.

Sans doute ;
Et j'ai compris d'abord que mon homme étoit là
Qui, sans se faire voir, conduisoit tout cela.
Mais ce qui m'a surpris, et qui va vous surprendre,
C'est un autre incident que vous allez entendre ;
Un trait hardi qu'a fait cette jeune beauté,
Et qu'on n'attendroit point de sa simplicté.
Il le faut avouer, l'amour est un grand maître :
Ce qu'on ne fut jamais, il nous enseigne à l'être ;
Et souvent de nos mœurs l'absolu changement
Devient par ses leçons l'ouvrage d'un moment.
De la nature en nous il force les obstacles,
Et ses effets soudains ont de l'air des miracles.
D'un avare à l'instant il fait un libéral,
Un vaillant d'un poltron, un civil d'un brutal :
Il rend agile à tout l'âme la plus pesante,
Et donne de l'esprit à la plus innocente.

ACTE III, SCÈNE IV.

Oui, ce dernier miracle éclate dans Agnès,
Car tranchant avec moi par ces termes exprès,
« Retirez-vous, mon âme aux visites renonce,
» Je sais tous vos discours, et voilà ma réponse, »
Cette pierre ou ce grès dont vous vous étonniez
Avec un mot de lettre est tombée à mes pieds;
Et j'admire de voir cette lettre ajustée
Avec le sens des mots et la pierre jetée.
D'une telle action n'êtes-vous pas surpris ?
L'amour sait-il pas l'art d'aiguiser les esprits ?
Et peut-on me nier que ses flammes puissantes
Ne fassent dans un cœur des choses étonnantes ?
Que dites-vous du tour et de ce mot d'écrit ?
Hé ! n'admirez-vous point cette adresse d'esprit ?
Trouvez-vous pas plaisant de voir quel personnage
A joué mon jaloux dans tout ce badinage ?
Dites.

ARNOLPHE.

Oui, fort plaisant.

HORACE.

Riez-en donc un peu.
(Arnolphe rit d'un air forcé.)
Cet homme gendarmé d'abord contre mon feu,
Qui chez lui se retranche, et de grès fait parade,
Comme si j'y voulois entrer par escalade,
Qui, pour me repousser, dans son bizarre effroi,
Anime du dedans tous ses gens contre moi ;
Et qu'abuse à ses yeux, par sa machine même,
Celle qu'il veut tenir dans l'ignorance extrême !
Pour moi, je vous l'avoue, encor que son retour
En un grand embarras jette ici mon amour,

Je tiens cela plaisant autant qu'on sauroit dire :
Je ne puis y songer sans de bon cœur en rire ;
Et vous n'en riez pas assez, à mon avis.

ARNOLPHE, avec un ris forcé.

Pardonnez-moi, j'en ris tout autant que je puis.

HORACE.

Mais il faut qu'en ami je vous montre sa lettre.
Tout ce que son cœur sent, sa main a su l'y mettre,
Mais en termes touchants et tout pleins de bonté,
De tendresse innocente et d'ingénuité,
De la manière enfin que la pure nature
Exprime de l'amour la première blessure.

ARNOLPHE, bas, à part.

Voilà, friponne, à quoi l'écriture te sert ;
Et, contre mon dessein l'art t'en fut découvert.

HORACE lit.

« Je veux vous écrire, et je suis bien en peine
» par où je m'y prendrai. J'ai des pensées que
» je désirerois que vous sussiez ; mais je ne sais
» comment faire pour vous les dire, et je me
» défie de mes paroles. Comme je commence à
» connoître qu'on m'a toujours tenue dans l'i-
» gnorance, j'ai peur de mettre quelque chose
» qui ne soit pas bien, et d'en dire plus que
» je ne devrois. En vérité, je ne sais ce que
» vous m'avez fait ; mais je sens que je suis fâchée
» à mourir de ce qu'on me fait faire contre
» vous, que j'aurai toutes les peines du monde
» à me passer de vous, et que je serois bien
» aise d'être à vous. Peut-être qu'il y a du mal
» à dire cela ; mais enfin je ne puis m'empêcher

ACTE III, SCÈNE IV.

» de le dire, et je voudrois que cela se pût
» faire sans qu'il y en eût. On me dit fort que
» tous les jeunes hommes sont des trompeurs,
» qu'il ne les faut point écouter, et que tout
» ce que vous me dites n'est que pour m'abu-
» ser : mais je vous assure que je n'ai pu en-
» core me figurer cela de vous ; et je suis si
» touchée de vos paroles, que je ne saurois croire
» qu'elles soient menteuses. Dites-moi franche-
» ment ce qui en est : car enfin, comme je suis
» sans malice, vous auriez le plus grand tort
» du monde si vous me trompiez, et je pense
» que j'en mourrois de déplaisir. »

ARNOLPHE, à part.

Non ! chienne !

HORACE.

Qu'avez-vous ?

ARNOLPHE.

Moi ? rien. C'est que je tousse.

HORACE.

Avez-vous jamais vu d'expression plus douce ?
Malgré les soins maudits d'un injuste pouvoir,
Un plus beau naturel se peut-il faire voir ?
Et n'est-ce pas sans doute un crime punissable
De gâter méchamment ce fonds d'âme admirable,
D'avoir dans l'ignorance et la stupidité
Voulu de cet esprit étouffer la clarté ?
L'amour a commencé d'en déchirer le voile ;
Et, si, par la faveur de quelque bonne étoile,
Je puis, comme j'espère, à ce franc animal,
Ce traître, ce bourreau, ce faquin, ce brutal...

ARNOLPHE.

Adieu.

HORACE.

Comment ! si vite ?

ARNOLPHE.

Il m'est dans la pensée
Venu tout maintenant une affaire pressée.

HORACE.

Mais ne sauriez-vous point, comme on la tient de près,
Qui dans cette maison pourroit avoir accès ?
J'en use sans scrupule ; et ce n'est pas merveille
Qu'on se puisse, entre amis, servir à la pareille.
Je n'ai plus là-dedans que gens pour m'observer ;
Et servante et valet, que je viens de trouver,
N'ont jamais, de quelque air que je m'y sois pu prendre,
Adouci leur rudesse à me vouloir entendre.
J'avois pour de tels coups certaine vieille en main,
D'un génie, à vrai dire, au-dessus de l'humain :
Elle m'a dans l'abord servi de bonne sorte ;
Mais, depuis quatre jours, la pauvre femme est morte.
Ne me pourriez-vous point ouvrir quelque moyen ?

ARNOLPHE.

Non, vraiment; et sans moi vous en trouverez bien.

HORACE.

Adieu donc. Vous voyez ce que je vous confie.

SCÈNE V.
ARNOLPHE.

Comme il faut devant lui que je me mortifie !
Quelle peine à cacher mon déplaisir cuisant !
Quoi ! pour une innocente un esprit si présent !
Elle a feint d'être telle à mes yeux, la traîtresse,
Ou le diable à son âme a soufflé cette adresse.
Enfin me voilà mort par ce funeste écrit.
Je vois qu'il a, le traître, empaumé son esprit,
Qu'à ma suppression il s'est ancré chez elle ;
Et c'est mon désespoir et ma peine mortelle.
Je souffre doublement dans le vol de son cœur;
Et l'amour y pâtit aussi-bien que l'honneur.
J'enrage de trouver cette place usurpée,
Et j'enrage de voir ma prudence trompée.
Je sais que, pour punir son amour libertin,
Je n'ai qu'à laisser faire à son mauvais destin,
Que je serai vengé d'elle par elle-même :
Mais il est bien fâcheux de perdre ce qu'on aime.
Ciel ! puisque pour un choix j'ai tant philosophé,
Faut-il de ses appas m'être si fort coiffé !
Elle n'a ni parents, ni support, ni richesse ;
Elle trahit mes soins, mes bontés, ma tendresse :
Et cependant je l'aime après ce lâche tour,
Jusqu'à ne me pouvoir passer de cet amour.
Sot ! n'as-tu point de honte ? Ah ! je crève, j'enrage,
Et je souffletterois mille fois mon visage.
Je veux entrer un peu, mais seulement pour voir
Quelle est sa contenance après un trait si noir.

Ciel, faites que mon front soit exempt de disgrâce;
Ou bien, s'il est écrit qu'il faille que j'y passe,
Donnez-moi tout au moins, pour de tels accidents,
La constance qu'on voit à de certaines gens!

FIN DU TROISIÈME ACTE.

ACTE QUATRIÈME.

SCÈNE I.
ARNOLPHE.

J'ai peine, je l'avoue, à demeurer en place,
Et de mille soucis mon esprit s'embarrasse,
Pour pouvoir mettre un ordre et dedans et dehors,
Qui du godelureau rompe tous les efforts.
De quel œil la traîtresse a soutenu ma vue !
De tout ce qu'elle a fait elle n'est point émue ;
Et, bien qu'elle me mette à deux doigts du trépas,
On diroit, à la voir, qu'elle n'y touche pas.
Plus, en la regardant, je la voyois tranquille,
Plus je sentois en moi s'échauffer une bile ;
Et ces bouillants transports dont s'enflammoit son cœur
Y sembloient redoubler mon amoureuse ardeur.
J'étois aigri, fâché, désespéré contre elle ;
Et cependant jamais je ne la vis si belle,
Jamais ses yeux aux miens n'ont paru si perçants,
Jamais je n'eus pour eux des désirs si pressants ;
Et je sens là-dedans qu'il faudra que je crève,
Si de mon triste sort la disgrâce s'achève.
Quoi ! j'aurai dirigé son éducation
Avec tant de tendresse et de précaution,
Je l'aurai fait passer chez moi dès son enfance,
Et j'en aurai chéri la plus tendre espérance,

Mon cœur aura bâti sur ses attraits naissants,
Et cru la mitonner pour moi durant treize ans,
Afin qu'un jeune fou dont elle s'amourache
Me la vienne enlever jusque sur la moustache,
Lorsqu'elle est avec moi mariée à demi !
Non, parbleu ! non, parbleu ! Petit sot, mon ami,
Vous aurez beau tourner, ou j'y perdrai mes peines,
Ou je rendrai, ma foi ! vos espérances vaines,
Et de moi tout-à-fait vous ne vous rirez point.

SCÈNE II.

UN NOTAIRE, ARNOLPHE.

LE NOTAIRE.

Ah ! le voilà ! Bonjour. Me voici tout à point
Pour dresser le contrat que vous souhaitez faire.

ARNOLPHE, se croyant seul, et sans voir ni entendre le notaire.
Comment faire ?

LE NOTAIRE.
Il le faut dans la forme ordinaire.

ARNOLPHE, se croyant seul.
A mes précautions je veux songer de près.

LE NOTAIRE.
Je ne passerai rien contre vos intérêts.

ARNOLPHE, se croyant seul.
Il se faut garantir de toutes les surprises.

LE NOTAIRE.
Suffit qu'entre mes mains vos affaires soient mises.
Il ne vous faudra point, de peur d'être déçu,
Quittancer le contrat, que vous n'ayez reçu.

ACTE IV, SCÈNE II.

ARNOLPHE, se croyant seul.

J'ai peur, si je vais faire éclater quelque chose,
Que de cet incident par la ville on ne cause.

LE NOTAIRE.

Hé bien! il est aisé d'empêcher cet éclat;
Et l'on peut en secret faire votre contrat.

ARNOLPHE, se croyant seul.

Mais comment faudra-t-il qu'avec elle j'en sorte?

LE NOTAIRE.

Le douaire se règle au bien qu'on vous apporte.

ARNOLPHE, se croyant seul.

Je l'aime, et cet amour est mon grand embarras.

LE NOTAIRE.

On peut avantager une femme en ce cas.

ARNOLPHE, se croyant seul.

Quel traitement lui faire en pareille aventure,

LE NOTAIRE.

L'ordre est que le futur doit douer la future
Du tiers de dot qu'elle a; mais cet ordre n'est rien,
Et l'on va plus avant lorsque l'on le veut bien.

ARNOLPHE, se croyant seul.

Si...

(Il aperçoit le notaire.)

LE NOTAIRE.

Pour le préciput, il les regarde ensemble.
Je dis que le futur peut, comme bon lui semble,
Douer la future.

ARNOLPHE.

Hé!

LE NOTAIRE.

Il peut l'avantager
Lorsqu'il l'aime beaucoup et qu'il veut l'obliger;

Et cela par douaire, ou préfix, qu'on appelle,
Qui demeure perdu par le trépas d'icelle;
Ou sans retour, qui va de ladite à ses hoirs;
Ou coutumier, selon les différents vouloirs;
Ou par donation dans le contrat formelle,
Qu'on fait ou pure ou simple, ou qu'on fait mutuelle.
Pourquoi hausser le dos? Est-ce qu'on parle en fat,
Et que l'on ne sait pas les formes d'un contrat?
Qui me les apprendra? personne, je présume.
Sais-je pas qu'étant joints, on est par la coutume
Communs en meubles, biens, immeubles et conquêts,
A moins que par un acte on n'y renonce exprès?
Sais-je pas que le tiers du bien de la future
Entre en communauté pour ?...

ARNOLPHE.

     Oui, c'est chose sûre,
Vous savez tout cela : mais qui vous en dit mot?

LE NOTAIRE.

Vous, qui me prétendez faire passer pour sot,
En me haussant l'épaule et faisant la grimace.

ARNOLPHE.

La peste soit de l'homme, et sa chienne de face!
Adieu. C'est le moyen de vous faire finir.

LE NOTAIRE.

Pour dresser un contrat m'a-t-on pas fait venir?

ARNOLPHE.

Oui, je vous ai mandé : mais la chose est remise,
Et l'on vous mandera quand l'heure sera prise.
Voyez quel diable d'homme avec son entretien!

LE NOTAIRE, seul.

Je pense qu'il en tient, et je crois penser bien.

SCÈNE III.
LE NOTAIRE, ALAIN, GEORGETTE.

LE NOTAIRE, allant au-devant d'Alain et de Georgette.

M'êtes-vous pas venu quérir pour votre maître ?

ALAIN.

Oui.

LE NOTAIRE.

J'ignore pour qui ; vous le pouvez connoître.
Mais allez de ma part lui dire de ce pas
Que c'est un fou fieffé.

GEORGETTE.

Nous n'y manquerons pas.

SCÈNE IV.
ARNOLPHE, ALAIN, GEORGETTE.

ALAIN.

Monsieur...

ARNOLPHE.

Approchez-vous ; vous êtes mes fidèles,
Mes bons, mes vrais amis, et j'en sais des nouvelles.

ALAIN.

Le notaire...

ARNOLPHE.

Laissons, c'est pour quelque autre jour.
On veut à mon honneur jouer d'un mauvais tour ;
Et quel affront pour vous, mes enfants, pour-
  roit-ce être,
Si l'on avoit ôté l'honneur à votre maître !

Vous n'oseriez après paroître en nul endroit ;
Et chacun, vous voyant, vous montreroit au doigt,
Donc, puisque autant que moi l'affaire vous regarde,
Il faut de votre part faire une telle garde,
Que ce galant ne puisse en aucune façon...

GEORGETTE.

Vous nous avez tantôt montré notre leçon.

ARNOLPHE.

Mais à ses beaux discours gardez bien de vous rendre.

ALAIN.

Oh vraiment !

GEORGETTE.

Nous savons comme il faut s'en défendre.

ARNOLPHE.

S'il venoit doucement : Alain, mon pauvre cœur,
Par un peu de secours soulage ma langueur...

ALAIN.

Vous êtes un sot.

ARNOLPHE.
(A Georgette.)

Bon. Georgette, ma mignonne,
Tu me parois si douce et si bonne personne...

GEORGETTE.

Vous êtes un nigaud.

ARNOLPHE.
(A Alain.)

Bon. Quel mal trouves-tu
Dans un dessein honnête et tout plein de vertu ?

ALAIN.

Vous êtes un fripon.

ACTE IV, SCÈNE IV.

ARNOLPHE.
(A Georgette.)
Fort bien. Ma mort est sûre,
Si tu ne prends pitié des peines que j'endure.

GEORGETTE.
Vous êtes un benêt, un impudent.

ARNOLPHE.
Fort bien.
(A Alain.)
Je ne suis pas un homme à vouloir rien pour rien ;
Je sais, quand on me sert, en garder la mémoire ;
Cependant, par avance, Alain, voilà pour boire ;
Et voilà pour t'avoir, Georgette, un cotillon.
(Ils tendent tous deux la main, et prennent l'argent.)
Ce n'est de mes bienfaits qu'un simple échantillon.
Toute la courtoisie enfin dont je vous presse,
C'est que je puisse voir votre belle maîtresse.

GEORGETTE, le poussant.
A d'autres.

ARNOLPHE.
Bon cela.

ALAIN, le poussant.
Hors d'ici.

ARNOLPHE.
Bon.

GEORGETTE, le poussant.
Mais tôt.

ARNOLPHE.
Bon. Holà ; c'est assez.

GEORGETTE.
Fais-je pas comme il faut ?

ALAIN.
Est-ce de la façon que vous voulez l'entendre?
ARNOLPHE.
Oui, fort bien, hors l'argent, qu'il ne falloit pas prendre.
GEORGETTE.
Nous ne nous sommes pas souvenus de ce point.
ALAIN.
Voulez-vous qu'à l'instant nous recommencions?
ARNOLPHE.
Point :
Suffit. Rentrez tous deux.
ALAIN.
Vous n'avez rien qu'à dire.
ARNOLPHE.
Non, vous dis-je; rentrez, puisque je le désire.
Je vous laisse l'argent. Allez : je vous rejoins.
Ayez bien l'œil à tout, et secondez mes soins.

SCÈNE V.

ARNOLPHE.

Je veux pour espion qui soit d'exacte vue
Prendre le savetier du coin de notre rue.
Dans la maison toujours je prétends la tenir,
Y faire bonne garde, et surtout en bannir
Vendeuses de rubans, perruquières, coiffeuses,
Faiseuses de mouchoirs, gantières, revendeuses,
Tous ces gens qui sous main travaillent chaque jour
A faire réussir les mystères d'amour.
Enfin j'ai vu le monde, et j'en sais les finesses.
Il faudra que mon homme ait de grandes adresses,
Si message ou poulet de sa part peut entrer.

SCENE VI.
HORACE, ARNOLPHE.

HORACE.

La place m'est heureuse à vous y rencontrer.
Je viens de l'échapper bien belle, je vous jure.
Au sortir d'avec vous, sans prévoir l'aventure,
Seule dans ce balcon j'ai vu paroître Agnès,
Qui des arbres prochains prenoit un peu le frais.
Après m'avoir fait signe, elle a su faire en sorte,
Descendant au jardin, de m'en ouvrir la porte :
Mais à peine tous deux dans sa chambre étions-nous,
Qu'elle a sur les degrés entendu son jaloux ;
Et tout ce qu'elle a pu dans un tel accessoire,
C'est de me renfermer dans une grande armoire.
Il est entré d'abord : je ne le voyois pas,
Mais je l'oyois marcher, sans rien dire, à grands pas;
Poussant de temps en temps des soupirs pitoyables,
Et donnant quelquefois de grands coups sur les tables,
Frappant un petit chien qui pour lui s'émouvoit,
Et jetant brusquement les hardes qu'il trouvoit.
Il a même cassé, d'une main mutinée,
Des vases dont la belle ornoit sa cheminée ;
Et sans doute il faut bien qu'à ce becque-cornu (*)
Du trait qu'elle a joué quelque jour soit venu.
Enfin, après vingt tours, ayant de la manière
Sur ce qui n'en peut mais déchargé sa colère,

(*) Le mot *becque* ne se trouve dans aucun dictionnaire.

Mon jaloux inquiet, sans dire son ennui,
Est sorti de la chambre, et moi de mon étui.
Nous n'avons point voulu, de peur du personnage,
Risquer à nous tenir ensemble davantage ;
C'étoit trop hasarder : mais je dois cette nuit
Dans sa chambre un peu tard m'introduire sans
bruit
En toussant par trois fois je me ferai connoître ;
Et je dois au signal voir ouvrir la fenêtre,
Dont, avec une échelle, et secondé d'Agnès,
Mon amour tâchera de me gagner l'accès.
Comme à mon seul ami, je veux bien vous l'ap-
prendre.
L'allégresse du cœur s'augmente à la répandre ;
Et, goûtât-on cent fois un bonheur tout parfait,
On n'en est pas content, si quelqu'un ne le sait.
Vous prendrez part, je pense, à l'heur de mes affaires.
Adieu. Je vais songer aux choses nécessaires.

SCÈNE VII.
ARNOLPHE.

Quoi ! l'astre qui s'obstine à me désespérer
Ne me donnera pas le temps de respirer !
Coup sur coup je verrai, par leur intelligence,
De mes soins vigilants confondre la prudence !
Et je serai la dupe, en ma maturité (*),
D'une jeune innocente et d'un jeune éventé !
En sage philosophe on m'a vu, vingt années,
Contempler des maris les tristes destinées,

(*) *En ma maturité*, pour *dans l'âge mûr.*

ACTE IV, SCÈNE VII.

Et m'instruire avec soin de tous les accidents
Qui font dans le malheur tomber les plus prudents ;
Des digrâces d'autrui profitant dans mon âme,
J'ai cherché les moyens, voulant prendre une femme,
De pouvoir garantir mon front de tous affronts,
Et le tirer du pair d'avec les autres fronts ;
Pour ce noble dessein, j'ai cru mettre en pratique
Tout ce que peut trouver l'humaine politique :
Et, comme si du sort il étoit arrêté
Que nul homme ici-bas n'en seroit exempté,
Après l'expérience et toutes les lumières
Que j'ai pu m'acquérir sur de telles matières,
Après vingt ans et plus de méditation
Pour me conduire en tout avec précaution,
De tant d'autres maris j'aurois quitté la trace
Pour me trouver après dans la même disgrâce !
Ah ! bourreau de destin, vous en aurez menti.
De l'objet qu'on poursuit je suis encore nanti ;
Si son cœur m'est volé par ce blondin funeste,
J'empêcherai du moins qu'on s'empare du reste ;
Et cette nuit qu'on prend pour ce galant exploit
Ne se passera pas si doucement qu'on croit.
Ce m'est quelque plaisir, parmi tant de tristesse,
Que l'on me donne avis du piège qu'on me dresse,
Et que cet étourdi, qui veut m'être fatal,
Fasse son confident de son propre rival.

SCÈNE VIII.
CHRYSALDE, ARNOLPHE.

CHRYSALDE.

Hé bien ! souperons-nous avant la promenade ?

ARNOLPHE.

Non. Je jeûne ce soir.

CHRYSALDE.

D'où vient cette boutade ?

ARNOLPHE.

De grâce, excusez-moi, j'ai quelque autre embarras.

CHRYSALDE.

Votre hymen résolu ne se fera-t-il pas ?

ARNOLPHE.

C'est trop s'inquiéter des affaires des autres.

CHRYSALDE.

Oh ! oh ! si brusquement ! quels chagrins sont les vôtres ?
Seroit-il point, compère, à votre passion
Arrivé quelque peu de tribulation ?
Je le jurerois presque, à voir votre visage.

ARNOLPHE.

Quoi qu'il m'arrive, au moins aurai-je l'avantage
De ne pas ressembler à de certaines gens
Qui souffrent doucement l'approche des galants.

CHRYSALDE.

C'est un étrange fait, qu'avec tant de lumières
Vous vous effarouchiez toujours sur ces matières,
Qu'en cela vous mettiez le souverain bonheur,
Et ne conceviez point au monde d'autre honneur !
Être avare, brutal, fourbe, méchant et lâche,
N'est rien, à votre avis auprès de cette tache,
Et, de quelque façon qu'on puisse avoir vécu,
On est homme d'honneur quand on n'est point cocu,

ACTE IV, SCÈNE VIII.

A le bien prendre au fond, pourquoi voulez-vous croire
Que de ce cas fortuit dépende notre gloire,
Et qu'une âme bien née ait à se reprocher
L'injustice d'un mal qu'on ne peut empêcher ?
Pourquoi voulez-vous, dis-je, en prenant une femme,
Qu'on soit digne, à son choix, de louange ou de blâme,
Et qu'on s'aille former un monstre plein d'effroi
De l'affront que nous fait son manquement de foi ?
Mettez-vous dans l'esprit qu'on peut du cocuage
Se faire en galant homme une plus douce image ;
Que, des coups du hasard aucun n'étant garant,
Cet accident de soi doit être indifférent,
Et qu'enfin tout le mal, quoique le monde glose,
N'est que dans la façon de recevoir la chose :
Et, pour se bien conduire en ces difficultés,
Il y faut, comme en tout, fuir les extremités,
N'imiter pas ces gens un peu trop débonnaires
Qui tirent vanité de ces sortes d'affaires,
De leurs femmes toujours vont citant les galants,
En font partout l'éloge, et prônent leurs talents,
Témoignent avec eux d'étroites sympathies,
Sont de tous leurs cadeaux, de toutes leurs parties
Et font qu'avec raison les gens sont étonnés
De voir leur hardiesse à montrer là leur nez.
Ce procédé sans doute est tout-à-fait blâmable :
Mais l'autre extrémité n'est pas moins condamnable.
Si je n'approuve pas ces amis des galants,

Je ne suis pas aussi pour ces gens gens turbulents
Dont l'imprudent chagrin, qui tempête et qui gronde,
Attire au bruit qu'il fait les yeux de tout le monde,
Et qui, par cet éclat, semblent ne pas vouloir
Qu'aucun puisse ignorer ce qu'ils peuvent avoir.
Entre ces deux partis il en est un honnête,
Où, dans l'occasion, l'homme prudent s'arrête ;
Et quand on le sait prendre, on n'a point à rougir
Du pis dont une femme avec nous puisse agir.
Quoi qu'on en puisse dire enfin, le cocuage
Sous des traits moins affreux aisément s'envisage ;
Et comme je vous dis, toute l'habileté
Ne va qu'à le savoir tourner du bon côté.

ARNOLPHE.

Après ce beau discours, toute la confrérie
Doit un remercîment à votre seigneurie :
Et quiconque voudra vous entendre parler
Montrera de la joie à s'y voir enrôler.

CHRYSALDE.

Je ne dis pas cela ; car c'est ce que je blâme :
Mais, comme c'est le sort qui nous donne une femme,
Je dis que l'on doit faire ainsi qu'au jeu de dés,
Où, s'il ne vous vient pas ce que vous demandez,
Il faut jouer d'adresse, et d'une âme réduite
Corriger le hasard par la bonne conduite.

ARNOLPHE.

C'est-à-dire dormir et manger toujours bien,
Et se persuader que tout cela n'est rien.

ACTE IV, SCÈNE VIII.

CHRYSALDE.

Vous pensez vous moquer : mais, à ne vous rien
         feindre :
Dans le monde je vois cent choses plus à craindre
Et dont je me ferois un bien plus grand malheur
Que de cet accident qui vous fait tant de peur.
Pensez-vous qu'à choisir de deux choses prescrites,
Je n'aimasse pas mieux être ce que vous dites,
Que de me voir mari de ces femmes de bien
Dont la mauvaise humeur fait un procès sur rien,
Ces dragons de vertu, ces honnêtes diablesses,
Se retranchant toujours sur leurs sages prouesses,
Qui, pour un petit tort qu'elles ne nous font pas,
Prennent droit de traiter les gens du haut en bas,
Et veulent, sur le pied de nous être fidèles,
Que nous soyons tenus à tout endurer d'elles ?
Encore un coup, compère, apprenez qu'en effet
Le cocuage n'est que ce que l'on le fait ;
Qu'on peut le souhaiter pour de certaines causes,
Et qu'il a ses plaisirs comme les autres choses.

ARNOLPHE.

Si vous êtes d'humeur à vous en contenter,
Quant à moi, ce n'est pas la mienne d'en tâter,
Et plutôt que subir une telle aventure...

CHRYSALDE.

Mon Dieu ! ne jurez point, de peur d'être parjure,
Si le sort l'a réglé, vos soins sont superflus,
Et l'on ne prendra pas votre avis là-dessus.

ARNOLPHE.

Moi, je serois cocu !

CHRYSALDE.

Vous voilà bien malade !
Mille gens le sont bien, sans vous faire bravade,
Qui de mine, de cœur, de biens et de maison,
Ne feroient avec vous nulle comparaison.

ARNOLPHE.

Et moi, je n'en voudrois avec eux faire aucune.
Mais cette raillerie, en un mot, m'importune ;
Brisons-là, s'il vous plaît.

CHRYSALDE.

Vous êtes en courroux !
Nous en saurons la cause. Adieu. Souvenez-vous,
Quoique sur ce sujet votre honneur vous inspire,
Que c'est être à demi ce que l'on vient de dire,
Que de vouloir jurer qu'on ne le sera pas.

ARNOLPHE.

Moi, je le jure encore, et je vais de ce pas
Contre cet accident trouver un bon remède.

(Il court heurter à sa porte.)

SCÈNE IX.
ALNOLPHE, ALAIN, GEORGETTE.

ALNOLPHE.

Mes amis, c'est ici que j'implore votre aide.
Je suis édifié de votre affection :
Mais il faut qu'elle éclate en cette occasion ;
Et, si vous m'y servez selon ma confiance,
Vous êtes assurés de votre récompense.
L'homme que vous savez, n'en faites point de bruit,
Veut, comme je l'ai su, m'attraper cette nuit,

Dans la chambre d'Agnès entrer par escalade ;
Mais il lui faut, nous trois, dresser une embuscade.
Je veux que vous preniez chacun un bon bâton,
Et, quand il sera près du dernier échelon,
Car dans le temps qu'il faut j'ouvrirai la fenêtre,
Que tous deux à l'envi vous me chargiez ce traître,
Mais un air dont son dos garde le souvenir,
Et qui lui puisse apprendre à n'y plus revenir ;
Sans me nommer pourtant en aucune manière,
Ni faire aucun semblant que je serai derrière.
Auriez-vous bien l'esprit de servir mon courroux ?

ALAIN.

S'il ne tient qu'à frapper, mon Dieu ! tout est à nous :
Vous verrez, quand je bats, si j'y vais de main morte.

GEORGETTE.

La mienne, quoiqu'aux yeux elle semble moins forte,
N'en quitte pas sa part à le bien étriller.

ARNOLPHE.

Rentrez donc ; et surtout gardez de babiller.
(Seul.)
Voilà pour le prochain une leçon utile ;
Et, si tous les maris qui sont en cette ville
De leurs femmes ainsi recevoient le galant,
Le nombre des cocus ne seroit pas si grand.

FIN DU QUATRIÈME ACTE.

ACTE CINQUIÈME.

SCÈNE I.
ARNOLPHE, ALAIN, GEORGETTE.
ARNOLPHE.

Traîtres, qu'avez-vous fait par cette violence ?
ALAIN.
Nous vous avons rendu, monsieur, obéissance.
ARNOLPHE.
De cette excuse en vain vous voulez vous armer,
L'ordre étoit de le battre et non de l'assommer,
Et c'étoit sur le dos, et non pas sur la tête,
Que j'avois commandé qu'on fît choir la tempête.
Ciel ! dans quel accident me jette ici le sort !
Et que puis-je résoudre à voir cet homme mort ?
Rentrez dans la maison, et gardez de rien dire
De cet ordre innocent que j'ai pu vous prescrire.
(Seul.)
Le jour s'en va paroître, et je vais consulter
Comment dans ce malheur je me dois comporter.
Hélas ! que deviendrai-je ? et que dira le père,
Lorsque inopinément il saura cette affaire ?

SCÈNE II.
HORACE, ARNOLPHE.
HORACE, *à part.*
Il faut que j'aille un peu reconnaître qui c'est.

ACTE V, SCÈNE II.

ARNOLPHE, se croyant seul.

Eût-on jamais prévu...?
(Heurté par Horace, qu'il ne reconnoît pas.)
Qui va là, s'il vous plaît?

HORACE.

C'est vous, seigneur Arnolphe?

ARNOLPHE.

Oui. Mais vous...?

HORACE.

C'est Horace,
Je m'en allois chez vous vous prier d'une grâce.
Vous sortez bien matin!

ARNOLPHE, bas, à part.

Quelle confusion!
Est-ce un enchantement? est-ce une illusion?

HORACE.

J'étois, à dire vrai, dans une grande peine;
Et je bénis du ciel la bonté souveraine
Qui fait qu'à point nommé je vous rencontre ainsi.
Je viens vous avertir que tout a réussi,
Et même beaucoup plus que je n'eusse osé dire,
Et par un incident qui devoit tout détruire.
Je ne sais point par où l'on a pu soupçonner
Cette assignation qu'on m'avoit su donner :
Mais, étant sur le point d'atteindre à la fenêtre,
J'ai, contre mon espoir, vu quelques gens paroître,
Qui, sur moi brusquement levant chacun le bras,
M'ont fait manquer le pied et tomber jusqu'en bas;
Et ma chute, aux dépens de quelque meurtrissure,
De vingt coups de bâton m'a sauvé l'aventure.
Ces gens-là, dont étoit, je pense, mon jaloux,

Ont imputé ma chute à l'effort de leurs coups ;
Et, comme la douleur, un assez long espace,
M'a fait sans remuer demeurer sur la place,
Ils ont cru tout de bon qu'ils m'avoient assommé,
Et chacun d'eux s'en est aussitôt alarmé.
J'entendois tout le bruit dans le profond silence :
L'un l'autre ils s'accusoient de cette violence ;
Et, sans lumière aucune, en querellant le sort,
Sont venus doucement tâter si j'étois mort.
Je vous laisse à penser si, dans la nuit obscure,
J'ai d'un vrai trépassé su tenir la figure.
Ils se sont retirés avec beaucoup d'effroi ;
Et, comme je songeois à me retirer, moi,
De cette feinte mort la jeune Agnès émue
Avec empressement est devers moi venue :
Car les discours qu'entre eux ces gens avoient tenus
Jusques à son oreille étoient d'abord venus,
Et pendant tout ce trouble étant moins observée,
Du logis aisément elle s'étoit sauvée ;
Mais, me trouvant sans mal, elle a fait éclater
Un transport difficile à bien représenter.
Que vous dirai-je enfin ? Cette aimable personne
A suivi les conseils que son amour lui donne,
N'a plus voulu songer à retourner chez soi,
Et de tout son destin s'est commise à ma foi.
Considérez un peu, par ce trait d'innocence,
Où l'expose d'un fou la haute impertinence,
Et quels fâcheux périls elle pourroit courir,
Si j'étois maintenant homme à la moins chérir.
Mais d'un trop pur amour mon âme est embrasée ;
J'aimerois mieux mourir que la voir abusée :

ACTE V, SCÈNE II.

Je lui vois des appas dignes d'un autre sort,
Et rien ne m'en sauroit séparer que la mort.
Je prévois là-dessus l'emportement d'un père ;
Mais nous prendrons le temps d'apaiser sa colère ;
A des charmes si doux je me laisse emporter,
Et dans la vie enfin il se faut contenter.
Ce que je veux de vous sous un secret fidèle,
C'est que je puisse mettre en vos mains cette belle ;
Que dans votre maison, en faveur de mes feux,
Vous lui donniez retraite au moins un jour ou deux.
Outre qu'aux yeux du monde il faut cacher sa fuite,
Et qu'on en pourroit faire une exacte poursuite,
Vous savez qu'une fille aussi de sa façon
Donne avec un jeune homme un étrange soupçon ;
Et comme c'est à vous, sûr de votre prudence,
Que j'ai fait de mes feux entière confidence,
C'est à vous seul aussi, comme ami généreux,
Que je puis confier ce dépôt amoureux.

ARNOLPHE.

Je suis, n'en doutez point, tout à votre service.

HORACE.

Vous voulez bien me rendre un si charmant office?

ARNOLPHE.

Très-volontiers, vous dis-je ; et je me sens ravir
De cette occasion que j'ai de vous servir.
Je rends grâces au ciel de ce qu'il me l'envoie,
Et n'ai jamais rien fait avec si grande joie.

HORACE.

Que je suis redevable à toutes vos bontés !
J'avois de votre part craint des difficultés :

Mais vous êtes du monde (*) ; et, dans votre sagesse
Vous savez excuser le feu de la jeunesse.
Un de mes gens la garde au coin de ce détour.

ARNOLPHE.

Mais comment ferons-nous ? car il fait un peu jour.
Si je la prends ici, l'on me verra peut-être ;
Et s'il faut que chez moi vous veniez à paroître,
Des valets causeront. Pour jouer au plus sûr,
Il faut me l'amener dans un lieu plus obscur.
Mon allée est commode, et je l'y vais attendre.

HORACE.

Ce sont précautions qu'il est fort bon de prendre.
Pour moi, je ne ferai que vous la mettre en main,
Et chez moi, sans éclat, je retourne soudain.

ARNOLPHE, seul.

Ah ! fortune, ce trait d'aventure propice
Répare tous les maux que m'a faits ton caprice.
(Il s'enveloppe le nez de son manteau.)

SCÈNE III.
AGNÈS, HORACE, ARNOLPHE.

HORACE, à Agnès.

Ne soyez point en peine où je vais vous mener ;
C'est un logement sûr que je vous fais donner.
Vous loger avec moi, ce seroit tout détruire :
Entrez dans cette porte, et laissez-vous conduire.
(Arnolphe lui prend la main sans qu'elle le connoisse.)

AGNÈS, à Horace.

Pourquoi me quittez-vous ?

(*) *Vous êtes du monde, pour vous connoissez le monde.*

ACTE V, SCÈNE III.

HORACE.

Chère Agnès, il le faut.

AGNÈS.

Songez donc, je vous prie, à revenir bientôt.

HORACE.

J'en suis assez pressé par ma flamme amoureuse.

AGNÈS.

Quand je ne vous vois point, je ne suis point joyeuse.

HORACE.

Hors de votre présence, on me voit triste aussi.

AGNÈS.

Hélas ! s'il étoit vrai, vous resteriez ici.

HORACE.

Quoi ! vous pourriez douter de mon amour extrême !

AGNÈS.

Non, vous ne m'aimez pas autant que je vous aime.
(Arnolphe la tire.)
Ah ! l'on me tire trop.

HORACE.

C'est qu'il est dangereux,
Chère Agnès, qu'en ce lieu nous soyons vus tous deux ;
Et ce parfait ami de qui la main vous presse
Suit le zèle prudent qui pour nous l'intéresse.

AGNÈS.

Mais suivre un inconnu que...

HORACE.

N'appréhendez rien :
Entre de telles mains vous ne serez que bien.

AGNÈS.

Je me trouverois mieux entre celles d'Horace,

Et j'aurois...
(A Arnolphe qui la tire encore.)
Attendez.

HORACE.

Adieu. Le jour me chasse.

AGNÈS.

Quand vous verrai-je donc?

HORACE.

Bientôt assurément.

AGNÈS.

Que je vais m'ennuyer jusques à ce moment!

HORACE, en s'en allant.

Grâce au ciel, mon bonheur n'est plus en concur-
rence,
Et je puis maintenant dormir en assurance.

SCÈNE IV.
ARNOLPHE, AGNÈS.

ARNOLPHE, caché dans son manteau, et déguisant sa voix.

Venez, ce n'est pas là que je vous logerai,
Et votre gîte ailleurs est par moi préparé.
Je prétends en lieu sûr mettre votre personne.
(Se faisant connoître.)
Me connoissez-vous?

AGNÈS.

Hai!

ARNOLPHE.

Mon visage, friponne,
Dans cette occasion rend vos sens effrayés,
Et c'est à contre-cœur qu'ici vous me voyez;
Je trouble en ses projets l'amour qui vous possède.

ACTE V, SCÈNE IV.

(Agnès regarde si elle ne verra point Horace.)

N'appelez point des yeux le galant à votre aide ;
Il est trop éloigné pour vous donner secours.
Ah! ah! si jeune encor, vous jouez de ces tours!
Votre simplicité, qui semble sans pareille,
Demande si l'on fait les enfants par l'oreille ;
Et vous savez donner des rendez-vous la nuit,
Et pour suivre un galant vous évader sans bruit !
Tu-dieu! comme avec lui votre langue cajole !
Il faut qu'on vous ait mise à quelque bonne école !
Qui diantre tout d'un coup vous en a tant appris ?
Vous ne craignez donc plus de trouver des esprits ?
Et ce galant, la nuit, vous a donc enhardie ?
Ah! coquine, en venir à cette perfidie !
Malgré tous mes bienfaits former un tel dessein ?
Petit serpent que j'ai réchauffé dans mon sein,
Et qui, dès qu'il se sent, par une humeur ingrate,
Cherche à faire du mal à celui qui le flatte !

AGNÈS.

Pourquoi me criez-vous !

ARNOLPHE.

J'ai grand tort en effet !

AGNÈS.

Je n'entends point de mal dans tout ce que j'ai fait.

ARNOLPHE.

Suivre un galant n'est pas une action infâme ?

AGNÈS.

C'est un homme qui dit qu'il me veut pour sa femme;
J'ai suivi vos leçons, et vous m'avez prêché
Qu'il se faut marier pour ôter le péché.

ARNOLPHE.

Oui. Mais pour femme, moi, je prétendois vous prendre;
Et je vous l'avois fait, me semble, assez entendre.

AGNÈS.

Oui. Mais, à vous parler franchement entre nous,
Il est plus pour cela selon mon goût que vous.
Chez vous le mariage est fâcheux et pénible;
Et vos discours en font une image terrible;
Mais, las! il le fait, lui, si rempli de plaisirs,
Que de se marier il donne des désirs.

ARNOLPHE.

Ah! c'est que vous l'aimez, traîtresse!

AGNÈS.

Oui, je l'aime.

ARNOLPHE.

Et vous avez le front de le dire à moi-même!

AGNÈS.

Et pourquoi, s'il est vrai, ne le dirois-je pas?

ARNOLPHE.

Le deviez-vous aimer, impertinente?

AGNÈS.

Hélas!
Est-ce que j'en puis mais(*)? Lui seul en est la cause,
Et je n'y songeois pas lorsque se fit la chose.

ARNOLPHE.

Mais il falloit chasser cet amoureux désir.

AGNÈS.

Le moyen de chasser ce qui fait du plaisir?

(*) *Mais*, de *mas*, espagnol, qui signifie *mais* et *plus*. (Voy. la note page 382, vol. I.)

ARNOLPHE.
Et ne savez-vous pas que c'étoit me déplaire ?
AGNÈS.
Moi? Point du tout. Quel mal cela vous peut-il faire?
ARNOLPHE.
Il est vrai, j'ai sujet d'en être réjoui !
Vous ne m'aimez donc pas, à ce compte?
AGNÈS.
         Vous?
ARNOLPHE.
          Oui.
AGNÈS.
Hélas! non.
ARNOLPHE.
Comment, non ?
AGNÈS.
     Voulez-vous que je mente?
ARNOLPHE.
Pourquoi ne m'aimer pas, madame l'impudente?
AGNÈS.
Mon Dieu! ce n'est pas moi que vous devez blâmer :
Que ne vous êtes-vous, comme lui, fait aimer :
Je ne vous en ai pas empêché, que je pense.
ARNOLPHE.
Je m'y suis efforcé de toute ma puissance ;
Mais les soins que j'ai pris, je les ai perdus tous.
AGNÈS.
Vraiment il en sait donc là-dessus plus que vous ;
Car à se faire aimer il n'a point eu de peine.
ARNOLPHE, à part.
Voyez comme raisonne et répond la vilaine!

Peste ! une précieuse en diroit-elle plus ?
Ah ! je l'ai mal connue ; ou, ma foi, là-dessus
Une sotte en sait plus que le plus habile homme.
(A Agnès.)
Puisqu'en raisonnements votre esprit se consomme,
La belle raisonneuse, est-ce qu'un si long temps
Je vous aurois pour lui nourrie à mes dépens ?

AGNÈS.

Non. Il vous rendra tout jusques au dernier double.

ARNOLPHE, bas, à part.

Elle a de certains mots où mon dépit redouble.
(Haut.)
Me rendra-t-il, coquine, avec tout son pouvoir,
Les obligations que vous pouvez m'avoir ?

AGNÈS.

Je ne vous en ai pas de si grandes qu'on pense.

ARNOLPHE.

N'est-ce rien que les soins d'élever votre enfance ?

AGNÈS.

Vous avez là-dedans bien opéré vraiment,
Et m'avez fait en tout instruire joliment !
Croit-on que je me flatte, et qu'enfin dans ma tête
Je ne juge pas bien que je suis une bête ?
Moi-même j'en ai honte ; et dans l'âge où je suis,
Je ne veux plus passer pour sotte, si je puis.

ARNOLPHE.

Vous fuyez l'ignorance, et voulez, quoi qu'il coûte,
Apprendre du blondin quelque chose ?

AGNÈS.

Sans doute.
C'est de lui que je sais ce que je peux savoir ;

ACTE V, SCÈNE IV.

Et beaucoup plus qu'à vous je pense lui devoir.
ARNOLPHE.
Je ne sais qui me tient qu'avec une gourmade
Ma main de ce discours ne venge la bravade.
J'enrage quand je vois sa piquante froideur,
Et quelques coups de poing satisferoient mon cœur.
AGNÈS.
Hélas! vous le pouvez, si cela vous peut plaire.
ARNOLPHE, à part.
Ce mot, et ce regard désarme ma colère,
Et produit un retour de tendresse de cœur
Qui de son action efface la noirceur.
Chose étrange d'aimer, et que pour ces traîtresses
Les hommes soient sujets à de telles foiblesses!
Tout le monde connoît leur imperfection;
Ce n'est qu'extravagance et qu'indiscrétion;
Leur esprit est méchant, et leur âme fragile;
Il n'est rien de plus foible et de plus imbécille,
Rien de plus infidèle : et malgré tout cela,
Dans le monde on fait tout pour ces animaux-là.
(A Agnès.)
Hé bien! faisons la paix. Va, petite traîtresse,
Je te pardonne tout et te rends ma tendresse;
Considère par-là l'amour que j'ai pour toi,
Et, me voyant si bon, en revanche aime-moi.
AGNÈS.
Du meilleur de mon cœur je voudrois vous complaire;
Que me coûteroit-il, si je le pouvois faire?
ARNOLPHE.
Mon pauvre petit cœur, tu le peux, si tu veux.
Écoute seulement ce soupir amoureux,

Vois ce regard mourant, contemple ma personne,
Et quitte ce morveux et l'amour qu'il te donne.
C'est quelque sort qu'il faut qu'il ait jeté sur toi,
Et tu seras cent fois plus heureuse avec moi.
Ta forte passion est d'être brave et leste,
Tu le seras toujours, va, je te le proteste;
Sans cesse, nuit et jour, je te caresserai,
Je te bouchonnerai (*), baiserai, mangerai,
Tout comme tu voudras, tu pourras te conduire :
Je ne m'explique point, et cela, c'est tout dire.
    (Bas, à part.)
Jusqu'où la passion peut-elle faire aller !
    (Haut.)
Enfin à mon amour rien ne peut s'égaler :
Quelle preuve veux-tu que je t'en donne, ingrate ?
Me veux-tu voir pleurer ? Veux-tu que je me batte ?
Veux-tu que je m'arrache un côté de cheveux ?
Veux-tu que je me tue ? Oui, dis si tu le veux,
Je suis tout prêt, cruelle, à te prouver ma flamme.

AGNÈS.

Tenez, tous vos discours ne me touchent point l'âme :
Horace avec deux mots en feroit plus que vous.

ARNOLPHE.

Ah! c'est trop me braver, trop pousser mon courroux.
Je suivrai mon dessein, bête trop indocile,
Et vous dénicherez à l'instant de la ville.
Vous rebutez mes vœux et me mettez à bout ;
Mais un cul de couvent me vengera de tout.

(*) *Bouchonner*, de *bouchon*, diminutif de *bouche*. *Bouchonner* étoit un terme de mignardise.

SCÈNE V.
ARNOLPHE, AGNÈS, ALAIN.

ALAIN.

Je ne sais ce que c'est, monsieur, mais il me semble
Qu'Agnès et le corps mort s'en sont allés ensemble.

ARNOLPHE.

La voici. Dans ma chambre allez me la nicher.
(A part.)
Ce ne sera pas là qu'il la viendra chercher ;
Et puis, c'est seulement pour une demi-heure.
Je vais, pour lui donner une sûre demeure,
(A Alain.)
Trouver une voiture. Enfermez-vous des mieux,
Et surtout gardez-vous de la quitter des yeux.
(Seul.)
Peut-être que son âme, étant dépaysée,
Pourra de cet amour être désabusée.

SCÈNE VI.
HORACE, ARNOLPHE.

HORACE.

Ah ! je viens vous trouver, accablé de douleur.
Le ciel, seigneur Arnolphe, a conclu mon malheur ;
Et, par un trait fatal d'une injustice extrême,
On me veut arracher de la beauté que j'aime.
Pour arriver ici mon père a pris le frais ;
J'ai trouvé qu'il mettoit pied à terre ici près :
Et la cause, en un mot, d'une telle venue
Qui, comme je disois, ne m'étoit pas connue,
C'est qu'il m'a marié sans m'en écrire rien,
Et qu'il vient en ces lieux célébrer ce lien.

Jugez, en prenant part à mon inquiétude,
S'il pouvoit m'arriver un contre-temps plus rude.
Cet Enrique dont hier je m'informois à vous
Cause tout le malheur dont je ressens les coups :
Il vient avec mon père achever ma ruine,
Et c'est sa fille unique à qui l'on me destine.
J'ai dès leurs premiers mots pensé m'évanouir :
Et d'abord, sans vouloir plus long-temps les ouïr,
Mon père ayant parlé de vous rendre visite,
L'esprit plein de frayeur, je l'ai devancé vite.
De grâce, gardez-vous de lui rien découvrir
De mon engagement qui le pourroit aigrir,
Et tâchez, comme en vous il prend grande créance,
De le dissuader de cette autre alliance.

ARNOLPHE.

Oui-dà.

HORACE.

Conseillez-lui de différer un peu,
Et rendez en ami ce service à mon feu.

ARNOLPHE.

Je n'y manquerai pas.

HORACE.

C'est en vous que j'espère.

ARNOLPHE.

Fort bien.

HORACE.

Et je vous tiens mon véritable père.
Dites-lui que mon âge... Ah ! je le vois venir !
Écoutez les raisons que je vous puis fournir.

ACTE V, SCÈNE VII.

SCÈNE VII.

ENRIQUE, ORONTE, CHRYSALDE, HORACE, ARNOLPHE.

(Horace et Arnolphe se retirent dans un coin du théâtre, et parlent bas ensemble.)

ENRIQUE, à Chrysalde.

Aussitôt qu'à mes yeux je vous ai vu paroître,
Quand on ne m'eût rien dit, j'aurois su vous connoître.
J'ai reconnu les traits de cette aimable sœur
Dont l'hymen autrefois m'avoit fait possesseur ;
Et je serois heureux, si la Parque cruelle
M'eût laissé ramener cette épouse fidèle,
Pour jouir avec moi des sensibles douceurs
De revoir tous les siens après nos longs malheurs.
Mais, puisque du destin la fatale puissance
Nous prive pour jamais de sa chère présence,
Tâchons de nous résoudre, et de nous contenter
Du seul fruit amoureux qui m'en ait pu rester.
Il vous touche de près, et sans votre suffrage
J'aurois tort de vouloir disposer de ce gage.
Le choix du fils d'Oronte est glorieux de soi ;
Mais il faut que ce choix vous plaise comme à moi.

CHRYSALDE.

C'est de mon jugement avoir mauvaise estime,
Que douter si j'approuve un choix si légitime.

ARNOLPHE, à part, à Horace.

Oui, je veux vous servir de la bonne façon.

HORACE, à part, à Arnolphe.

Gardez encore un coup...

ARNOLPHE, à Horace.

        N'ayez aucun soupçon.

(Arnolphe quitte Horace pour aller embrasser Oronte.)

ORONTE, à Arnolphe.

Ah! que cette ambrassade est pleine de tendresse!

ARNOLPHE.

Que je sens à vous voir une grande allégresse!

ORONTE.

Je suis ici venu...

ARNOLPHE.

        Sans m'en faire récit,
Je sais ce qui vous mène.

ORONTE.

        On vous l'a déjà dit?

ARNOLPHE.

Oui.

ORONTE.

Tant mieux.

ARNOLPHE.

        Votre fils à cet hymen résiste,
Et son cœur prévenu n'y voit rien que de triste:
Il m'a même prié de vous en détourner.
Et moi, tout le conseil que je vous puis donner,
C'est de ne pas souffrir que ce nœud se diffère,
Et de faire valoir l'autorité de père.
Il faut avec vigueur ranger les jeunes gens,
Et nous faisons contre eux à leur être indulgents.

HORACE, à part.

Ah! traître!

CHRYSALDE.

        Si son cœur a quelque répugnance,

ACTE V, SCÈNE VII.

Je tiens qu'on ne doit pas lui faire résistance.
Mon frère, que je crois, sera de mon avis.

ARNOLPHE.

Quoi ! se laissera-t-il gouverner par son fils ?
Est-ce que vous voulez qu'un père ait la mollesse
De ne savoir pas faire obéir la jeunesse ?
Il seroit beau vraiment qu'on le vît aujourd'hui
Prendre loi de qui doit la recevoir de lui !
Non, non : c'est mon intime, et sa gloire est la
                                          mienne :
Sa parole est donnée, il faut qu'il la maintienne ;
Qu'il fasse voir ici de fermes sentiments,
Et force de son fils tous les attachements.

ORONTE.

C'est parler comme il faut ; et dans cette alliance
C'est moi qui vous réponds de son obéissance.

CHRYSALDE, à Arnolphe.

Je suis surpris pour moi, du grand empressement
Que vous me faites voir pour cet engagement,
Et ne puis deviner quel motif vous inspire...

ARNOLPHE.

Je sais ce que je fais, et dis ce qu'il faut dire.

ORONTE.

Oui, oui, seigneur Arnolphe, il est...

CHRYSALDE.

                              Ce nom l'aigrit ;
C'est monsieur de La Souche ; on vous l'a déjà dit,

ARNOLPHE.

Il n'importe.

HORACE, *à part.*
Qu'entends-je !
ARNOLPHE, *se retournant vers Horace*
Oui, c'est là le mystère ;
Et vous pouvez juger ce que je devois faire.
HORACE, *à part.*
En quel trouble...

SCÈNE VIII.
ENRIQUE, ORONTE, CHRYSALDE, HORACE, ARNOLPHE, GEORGETTE.

GEORGETTE.
Monsieur, si vous n'êtes auprès,
Nous aurons de la peine à retenir Agnès ;
Elle veut à tous coups s'échapper, et peut-être
Qu'elle se pourroit bien jeter par la fenêtre.

ARNOLPHE.
Faites-la-moi venir ; aussi-bien de ce pas
(A Horace.)
Prétends-je l'emmener. Ne vous en fâchez pas :
Un bonheur continu rendroit l'homme superbe,
Et chacun a son tour, comme dit le proverbe.

HORACE, *à part.*
Quels maux peuvent, ô ciel ! égaler mes ennuis ?
Et s'est-on jamais vu dans l'abîme où je suis ?

ARNOLPHE, *à Oronte.*
Pressez vite le jour de la cérémonie,
J'y prends part, et déjà moi-même je m'en prie.

ORONTE.
C'est bien là mon dessein.

SCÈNE IX.
AGNÈS, ORONTE, ENRIQUE, ARNOLPHE, HORACE, CHRYSALDE, ALAIN, GEORGETTE.

ARNOLPHE, à Agnès.

Venez, belle, venez,
Qu'on ne sauroit tenir, et qui vous mutinez.
Voici votre galant, à qui pour récompense,
Vous pouvez faire une humble et douce révérence.
(A Horace.)
Adieu. L'événement trompe un peu vos souhaits;
Mais tous les amoureux ne sont pas satisfaits.

AGNÈS.

Me laissez-vous, Horace, emmener de la sorte ?

HORACE.

Je ne sais où j'en suis, tant ma douleur est forte.

ARNOLPHE.

Allons, causeuse, allons.

AGNÈS.

Je veux rester ici.

ORONTE.

Dites-nous ce que c'est que ce mystère-ci :
Nous nous regardons tous sans le pouvoir comprendre.

ARNOLPHE.

Avec plus de loisir je pourrai vous l'apprendre.
Jusqu'au revoir.

ORONTE.

Où donc prétendez-vous aller ?
Vous ne nous parlez point comme il nous faut parler.

ARNOLPHE.

Je vous ai conseillé, malgré tout son murmure,
D'achever l'hyménée.

ORONTE.

Oui : mais pour le conclure,
Si l'on vous a dit tout, ne vous a-t-on pas dit
Que vous avez chez vous celle dont il s'agit,
La fille qu'autrefois de l'aimable Angélique
Sous des liens secrets eut le seigneur Enrique ?
Sur quoi votre discours étoit-il donc fondé ?

CHRYSALDE.

Je m'étonnois aussi de voir son procédé.

ARNOLPHE.

Quoi ?

CHRYSALDE.

D'un hymen secret ma sœur eut une fille
Dont on cacha le sort à toute la famille.

ORONTE.

Et qui, sous de feints noms, pour ne rien découvrir,
Par son époux aux champs fut donnée à nourrir.

CHRYSALDE.

Et, dans ce temps, le sort, lui déclarant la guerre,
L'obligea de sortir de sa natale terre.

ORONTE.

Et d'aller essuyer mille périls divers
Dans ces lieux séparés de nous par tant de mers.

CHRYSALDE.

Où ses soins ont gagné ce que dans sa patrie
Avoient pu lui ravir l'imposture et l'envie.

ACTE V, SCÈNE IX.

ORONTE.

Et, de retour en France, il a cherché d'abord
Celle à qui de sa fille il confia le sort.

CHRYSALDE.

Et cette paysanne a dit avec franchise
Qu'en vos mains à quatre ans elle l'avoit remise.

ORONTE.

Et qu'elle l'avoit fait, sur votre charité,
Par un accablement d'extrême pauvreté.

CHRYSALDE.

Et lui, plein de transport, et l'allégresse en l'âme,
A fait jusqu'en ces lieux conduire cette femme.

ORONTE.

Et vous allez enfin la voir venir ici,
Pour rendre aux yeux de tous ce mystère éclairci.

CHRYSALDE, à Arnolphe.

Je devine à peu près quel est votre supplice :
Mais le sort en cela ne vous est que propice.
Si n'être point cocu vous semble un si grand bien,
Ne vous point marier en est le vrai moyen.

ARNOLPHE, s'en allant tout transporté, et ne pouvant parler.
Ouf !

SCÈNE X.

ENRIQUE, ORONTE, CHRYRALDE, AGNÈS, HORACE.

ORONTE.

D'où vient qu'il s'enfuit sans rien dire ?

HORACE.

Ah! mon père.
Vous saurez pleinement ce surprenant mystère.
Le hasard en ces lieux avoit exécuté
Ce que votre sagesse avoit prémédité.
J'étois, par les doux nœuds d'une amour mutuelle,
Engagé de parole avecque cette belle ;
Et c'est elle en un mot que vous venez chercher,
Et pour qui mon refus a pensé vous fâcher.

ENRIQUE.

Je n'en ai point douté d'abord que je l'ai vue,
Et mon âme depuis n'a cessé d'être émue.
Ah ! ma fille je cède à des transports si doux.

CHRYSALDE.

J'en ferois de bon cœur, mon frère, autant que vous;
Mais ces lieux et cela ne s'accommodent guères.
Allons dans la maison débrouiller ces mystères,
Payer à notre ami ses soins officieux,
Et rendre grâce au ciel, qui fait tout pour le mieux.

FIN DE L'ÉCOLE DES FEMMES.

RÉFLEXIONS
SUR
L'ÉCOLE DES FEMMES.

L'École des Femmes est, comme l'École des Maris, puisée dans un grand nombre de sources; et Molière, avec le même génie, s'est approprié ces différentes conceptions. Cervantes dans sa nouvelle du Jaloux, Scarron, dans celle de la Précaution inutile, l'auteur d'un mauvais roman intitulé : les Nuits fameuses de Straparolle, avoient offert les principales situations de cette comédie.

Cervantes est le premier qui ait peint la singulière folie d'un homme âgé, plein d'expérience, qui veut prendre pour femme une jeune personne simple, et qui croit pouvoir s'assurer d'elle en l'enfermant.

Philippe de Carrizales, après s'être ruiné avec les femmes, part pour l'Amérique, où il s'enrichit. De retour en Espagne, à plus de soixante ans, il devient amoureux d'une jeune fille qui a toujours vécu dans la retraite, et dont les parents sont pauvres. « Elle est charmante » (dit-il au moment où il la voit pour la première

» fois). Les dehors de la maison qu'elle ha-
» bite n'annoncent pas qu'elle soit riche : c'est
» un enfant. Son inexpérience suffit pour pré-
» venir mes soupçons. Je l'épouserai, je l'en-
» fermerai, je ne la perdrai pas un moment de
» vue : ainsi elle n'aura d'autre genre de vie
» que celui que je voudrai. Je ne suis pas si
» vieux que je ne puisse encore avoir des hé-
» ritiers. Qu'elle ait une dot ou non, peu m'im-
» porte ; le ciel m'a donné assez de bien pour
» nous deux. Les riches doivent plutôt consulter
» leur goût que toute autre chose , quand ils
» veulent se marier. C'est cela qui fait le charme
» de la vie, tandis que ceux qui ne se marient
» que par intérêt sont toujours malheureux. Al-
» lons, le sort en est jeté : voilà la femme que le
» ciel me destinoit (*). »

Il est curieux de voir dans l'auteur espagnol les précautions de Carrizales : elles sont encore plus minutieuses que celles d'Arnolphe. Il ne veut pas qu'un tailleur prenne la mesure de l'habit de noces de sa maîtresse : une jeune fille de

---

(*) Esta muchacha es hermosa , y á lo que nuestra la presencia deste casa no de ser rica, y ella es niña, sus pocos años pueden asegurar mis sospechas : casarmehe con ella, encerrarela, harela á mis manas, y con esto no tendrá otra condicion que aquella que yo le enseñare ; yo no soy tan viejo que pueda perder la esperanza de tener hijos que me hereden : de que tenga dote o no, no hay paraque hacer caso, pues el cielo me dió para todo, y los ricos no han de buscar en sus matrimonios hacienda, sino gusto que el gusto alarga la vida, y los disgustos entre los casados la acortan : alto pues, echada esta la suerte y esta es la que el cielo quiere que yo tenga.
(El Zeloso Estremeño.)

la même taille est choisie pour la suppléer. Quand il a la jeune personne en son pouvoir, c'est bien autre chose : il fait élever les murs des terrasses de manière que dans l'intérieur on ne puisse plus voir que le ciel : toutes les fenêtres extérieures sont murées ; et la règle d'un couvent est établie dans cette maison. Six femmes sont préposées à la garde de Léonor ; et Carrizales, comme Arnolphe, fait un long discours sur les devoirs du mariage. Mais ces précautions ne suffisent pas pour le rassurer.

(*) « Il ne vouloit pas, dit Cervantes, qu'il
» se trouvât dans sa maison des animaux mâles.
» Jamais chat n'y poursuivoit des souris ; jamais
» on n'y entendoit les aboiements d'un chien :
» tout étoit du genre féminin. Carrizales veil-
» loit jour et nuit sur son trésor : sans cesse
» il faisoit sentinelle chez lui, et ne parloit à
» ses amis que dans la rue. Les tapisseries et
» les tableaux qui ornoient ses appartements ne
» représentoient que des femmes, des fleurs et
» des bois. On respiroit dans cette maison une

(*) Pues aun no queria que dentro de su casa huviese algun animal que fuese varon. A los ratones della jamas los persiguio gato, ni en ella se oyo ladrido de perro. todos eran del genero femenino : de dia pensaba, de noche no dormia. El era la ronda y centinela de su casa, y el argos de lo que bien queria. Con sus amigos negociaba en la calle, las figuras de los paños que sus salas y quadras adornaban, todas eran hembras, flores, boscages : toda su casa olia á honestidad, recogimiento y recato, aun hasta en las consejas que en las largas noches del invierno en la chimenea sus criadas contaban, por estar el presente en ninguna nin-gun genero de lascivia se descubria.

(EL ZELOSO ESTREMEÑO.)

« odeur de chasteté. Pendant les longues soirées « d'hiver, quand, autour du feu, les esclaves « racontoient des histoires et des contes, comme « le vieillard étoit présent, on ne parloit ja- « mais d'amour. »

Il est aisé de présumer que les précautions de Carrizales ne lui réussissent pas mieux que celles d'Arnolphe. L'ignorance de Léonor ne l'empêche pas de devenir très-éclairée et très-adroite quand il s'agit d'une intrigue amoureuse.

Il paroît que cette nouvelle, l'une des plus agréables de celles de Cervantes, fournit à Scarron l'idée de LA PRÉCAUTION INUTILE ; mais, selon sa coutume, cet auteur, poussant trop loin le comique, tomba dans l'invraisemblance et dans l'exagération. Cependant Molière a pris dans cette nouvelle plusieurs traits essentiels de sa comédie.

Dans LA PRÉCAUTION INUTILE, don Pèdre ayant été trompé par un grand nombre de femmes d'esprit, en prend une qui en est entièrement dépourvue. Il choisit les valets les plus sots et les servantes les plus innocentes. Lorsque les deux époux sont seuls, don Pèdre se met gravement dans un fauteuil, fait tenir sa femme debout, et lui parle ainsi : « Vous êtes ma femme, « dont j'espère que j'aurai sujet de louer Dieu « tant que nous vivrons ensemble. Mettez-vous « bien dans l'esprit ce que je m'en vais vous « dire, et l'observez exactement tant que vous « existerez, de peur d'offenser Dieu et de me

» déplaire. A toutes ces paroles, poursuit Scarron,
» l'innocente Laure faisoit de grandes révérences
» à propos ou non, et regardoit son mari entre
» deux yeux aussi timidement qu'un écolier
» nouveau fait à un pédant impérieux. Savez-
» vous, continua don Pèdre, la vie que doivent
» mener les personnes mariées ? Je ne le sais pas,
» lui répondit Laure, faisant une révérence
» plus basse que toutes les autres ; mais apprenez-
» le-moi, et je le retiendrai comme *Ave*, *Maria*;
» et puis autre révérence. Don Pèdre étoit le plus
» satisfait des hommes de trouver encore plus
» de simplicité en sa femme qu'il n'eût osé en
» espérer. »

Molière a développé cette excellente scène dans le commencement du troisième acte de L'École des Femmes. Scarron cependant ne reste pas long-temps dans la bonne route : son principal personnage a l'idée singulière d'exiger que pendant la nuit sa femme soit armée de pied en cap, et veille comme une sentinelle devant le lit nuptial : il lui persuade que c'est le devoir des femmes. Laure s'y soumet. Son mari entreprend un voyage, et les premiers jours elle fait exactement les factions. Un jeune homme la remarque à sa fenêtre ; il est séduit par sa beauté ; et bientôt une vieille entremetteuse se mêle de cette affaire.

Elle aborde Laure sous le prétexte de lui vendre des rubans, la recommande à Dieu, la loue de sa beauté, et lui parle du beau gentilhomme

qui désire de la servir. (*) « Je lui suis fort
» obligée, répond l'innocente, et j'aurai son
» service fort agréable. » La vieille cherche à
lui faire comprendre qu'elle espèce de service on
veut lui rendre, et Laure accorde un rendez-
vous pour la nuit suivante. « La vieille damnée,
» poursuit Scarron, prit ses mains, et les lui
» baisa cent fois, lui disant qu'elle alloit redon-
» ner la vie à ce pauvre gentilhomme qu'elle avoit
» laissé demi-mort. Et pourquoi ? s'écria Laure
» tout effrayée. C'est vous qui l'avez tué, dit
» alors la vieille. Laure devint pâle comme si on
» l'eût convaincue d'un meurtre, et elle alloit
» protester de son innocence, si la méchante
» femme qui ne jugea pas à propos d'éprouver
» davantage son innocence, ne se fût séparée
» d'elle, lui jetant les bras au cou, et l'assurant
» que le malade n'en mourroit pas. » Lorsque
le mari revient, il a une explication avec Laure;
et cette scène est indécente sans être comique.

Molière s'est emparé de cette scène de la
vieille; il en a mis très-adroitement le récit
dans la bouche d'Agnès.

Le même Dorimon, qui avoit traité le sujet
de L'École des Maris, traita aussi celui de L'É-

(*) Dans une situation pareille, Regnier fait dire à une vieille :
    Ma fille, Dieu vous garde et vous veuille bénir;
    Si je vous veux du mal, qu'il m'en puisse advenir.
Molière a imité ce tour :
    Mon enfant, le bon Dieu puisse-t-il vous bénir,
    Et dans tous vos attraits long-temps vous maintenir !

cole des Femmes avant Molière. Il est étonnant qu'avec assez de goût pour choisir aussi bien, cet auteur ne fit que de mauvaises pièces. Il se traîne péniblement sur les pas de Scarron, et suppose, comme lui, que l'époux exige de sa femme qu'elle soit armée pendant la nuit. Dans l'absence de cet époux, un jeune homme donne à la dame les lumières qui lui manquent ; et l'explication qui a lieu ensuite est un des meilleurs morceaux de la pièce. Cloris répond à son mari, qui la trouve la nuit sans armes :

> Cet étranger courtois, civil et plein de charmes,
> Me les a fait quitter, et m'a dit, ébahis,
> Que l'on n'exerçoit point ces lois en son pays,
> Que les femmes avoient après le mariage
> Des armes à la main qui faisoient moins d'outrage;
> Qu'elles avoient des lois plus douces qu'en ces lieux.
> Aussitôt mon esprit s'est montré curieux :
> J'ai brûlé du désir de les pouvoir apprendre ;
> Et lui-même a voulu me les faire comprendre.

La première idée des scènes charmantes d'Horace et d'Arnolphe se trouve dans un roman aujourd'hui inconnu, LES NUITS FAMEUSES DU SEIGNEUR STRAPAROLLE. Dans cette histoire bouffonne, un amant, ignorant qu'un de ses amis est son rival, vient tous les jours lui faire confidence des faveurs qu'il obtient de sa maîtresse. Mais ce roman, qui n'offre que cette idée heureuse, n'a qu'un comique plus forcé et plus trivial que celui de Scarron.

Voilà les principales sources dans lesquelles Molière a puisé les différentes situations de l'ÉCOLE DES FEMMES. Mais quel ensemble n'a-t-il pas su donner à ces combinaisons vagues et sans intérêt, si l'on en excepte celles de Cervantes ! Peut-être y a-t-il autant de mérite à tirer ainsi parti de matériaux informes qu'à créer des sujets. Molière, lorsqu'il n'inventoit pas, donnoit aux objets une nouvelle couleur et une nouvelle forme : ce qu'il prenoit sembloit ne plus appartenir aux auteurs qu'il avoit mis à contribution.

Il s'imposa dans cette pièce la même loi que dans L'École des Maris ; ce fut de ne pas faire jouer le principal rôle à une femme mariée. Agnès inspire de la compassion et de l'intérêt ; elle a du bon sens et de l'esprit naturel ; son ignorance seule, qui ne doit être imputée qu'à Arnolphe, l'a empêchée de faire usage de ces heureuses dispositions : elle n'a d'autre but que de se marier à l'homme qu'elle aime. Quelle différence entre cette jeune personne et les femmes qui figurent dans Cervantes, Scarron et Dorimon ! Une femme mariée qui manque à son devoir cesse au théâtre d'intéresser, quels que soient ses motifs de plainte contre son époux.

Le rôle d'Arnolphe étoit absolument neuf : sa passion est naturelle et pleine d'impétuosité. Cette chaleur ajoute à l'effet du rôle. Il a tous les mouvements d'un caractère tragique ; et, par une combinaison qui ne pouvoit appartenir qu'à un homme de génie, ce personnage fait rire par les mêmes sentiments qui attendriroient dans une tragédie. Qu'on se représente en effet un homme qui a tout sacrifié pour une orpheline, qui l'a tirée d'un état malheureux afin de l'élever jusqu'à lui, et qui n'est payé de ses bienfaits que par une trahison. Sans doute ce personnage touchera : c'est cependant celui d'Arnolphe, contre lequel tout le monde se déclare dans la comédie. Il est à remarquer aussi que Molière a mis dans ce caractère toute l'adresse et toute la prévoyance qu'on pouvoit désirer : ce n'est point un tuteur de comédie ; il connoît mieux qu'Horace le monde et les femmes ; et cependant il est toujours dupe: voilà le vrai comique.

Molière a imité quelques détails de Térence, de Rabelais et de Brantôme : les derniers étoient ses auteurs favoris.

Arnolphe, pressé par Chrysalde sur sa folie, ne peut que lui dire :

> A ce bel argument, à ce discours profond,
> Ce que Pantagruel à Panurge répond :
> Pressez-moi de me joindre à femme autre que sotte:
> Prêchez, patrocinez jusqu'à la Pentecôte,
> Vous serez ébahi, quand vous serez au bout,
> Que vous ne m'aurez rien persuadé du tout.

Panurge soutient que dans un État il est très-bon qu'il y ait des débiteurs et des créanciers. « J'entends, répond Pantagruel, et me semblez » bon topicqueur, et affecté à votre cause : mais » prêchez et patrocinez d'ici à la Pentecôte ; et » enfin vous serez ébahi comment rien ne m'aurez » persuadé (*). »

(*) Tome III, chapitre V.

Alain explique à Georgette ce que c'est que la jalousie :

« Di.-moi, n'est-il pas vrai, quand tu tiens ton potage,
Que, si quelque affamé venoit pour en manger, etc.

C'est une plaisanterie de Rabelais. Pantagruel, ayant consulté sur son mariage, poursuit ainsi :
« Ce sort dénote que ma femme sera preude,
» pudicque et loyale, non mie armée, rebousse,
» n'écervelée et extraite de cervelle comme Pallas,
» et ne me sera corrival ce beau Jupin, et jà ne
» saulcera son pain en ma soupe quand ensemble
» serions à table (*). »

L'idée du long sermon d'Arnolphe paroît, comme on l'a vu, être prise dans Scarron : peut-être aussi Molière l'a-t-il puisée dans Rabelais.

« Sur ses vieux ans, dit cet auteur, Hanscarvel
» épousa la fille du bailli Concordant, jeune,
» belle et fresque. Donc advint, en succession de
» quelques hebdomades, qu'en devint jaloux
» comme un tigre, et entra en soupçon qu'elle ne
» lui étoit pas fidèle (**). Pour à laquelle chose
» obvier, lui faisoit tout plein de beaux contes
» touchant les désolations advenues par adultère,
» lui lisoit souvent les légendes des preudes fem-
» mes, la preschoit de pudicité, lui fit un livre
» de louanges de fidélité conjugale, détestant fort
» et ferme les ribaudes mariées, etc. (***). »

(*) Tome III, chapitre XII.
(**) L'expression de Rabelais ne peut se conserver.
(***) Tome III, chapitre XXVIII.

Chrysalde, pour consoler Arnolphe, lui peint des prudes qui font le désespoir de leurs maris.

> De ces femmes de bien
> Dont la mauvaise humeur fait un procès sur rien,
> Ces dragons de vertu, ces honnêtes diablesses,
> Se retranchant toujours sur leurs sages prouesses,
> Qui, pour un petit tort qu'elles ne vous font pas,
> Prennent droit de traiter les gens du haut en bas.

Cette peinture est puisée dans Brantôme : « A aulcuns j'ai ouï dire que quelquefois pour les maris, il n'est si besoin aussi qu'ils aient leurs femmes si chastes ; car elles en sont si glorieuses, je dis celles qui ont ce don si rare, que quasi vous diriez qu'elles veulent dominer, non leurs maris seulement, mais le ciel et les astres : voire qu'il leur semble, par telle orgueilleuse chasteté que Dieu leur doive du retour (*). »

Molière a encore employé cette idée dans Amphitrion : Mercure dit à la prude Cléanthis :

> Ne sois pas si femme de bien,
> Et me romps un peu moins la tête.

Chrysalde, pour pousser Arnolphe à bout, et pour se moquer de lui, soutient une opinion singulière :

> Encore un coup, compère, apprenez qu'en effet
> Le cocuage n'est que ce que l'on le fait ;
> Qu'on peut le souhaiter pour de certaines causes,
> Et qu'il a ses plaisirs comme les autres choses.

Rabelais et Brantôme s'étoient permis cette plaisanterie hasardée, mais qui devient très-dramatique dans la situation d'Arnolphe et de Chrysalde.

(*) Dames galantes, discours I.er

« Il n'est pas, dit Rabelais, coquu qui veut. Si
» tu es coquu, *ergo* ta femme sera belle ; *ergo*
» tu seras bien traité d'elle ; *ergo* tu auras des
» amis beaucoup ; *ergo* tu seras sauvé (*). »
Brantôme développe cette pensée : « Quand une
» femme, dit-il, est un peu galante, elle se
» rend plus aisée, plus subjecte, plus docile,
» craintive, et de plus douce et agréable hu-
» meur, plus humble et plus prompte à faire
» tout ce que le mari veult, et lui condescend
» en tout, comme j'en ai vu plusieurs telles qui
» n'osent gronder, ni crier, ni faire des acariâ-
» tres, de peur que leurs maris ne les menacent
» de leurs fautes. Bref, elles font ce que leurs
» maris veulent (**). »

Chrysalde dit à Arnolphe :

Mais, comme c'est le sort qui nous donne une femme,
Je dis que l'on doit faire ainsi qu'au jeu de dés, etc.

C'est une imitation de Térence dans LES ADEL-
PHES (***). « Dans la vie, dit Micion, il faut se con-
» duire comme au jeu de dés : si le point qui vous
» étoit nécessaire ne tombe pas, il faut par votre
» adresse corriger celui que le sort vous a envoyé.

Arnolphe, dans son désespoir, imagine un singulier moyen de se calmer :

Un certain Grec disoit à l'empereur Auguste, etc.

(*. Livre III, chap. XXVII.
(**) Dames galantes, discours I*er*.
(***) Illa vita hominum est, quasi cùm ludas tesseris :
Si illud quod maximè opus est jactu, non cadit,
Illud quod cecidit fortè, id arte ut corrigas.
(ADELPHES, acte IV, scène VII.)

Ce trait comique est tiré d'une vieille comédie italienne de Pino di Cagli, intitulée : GLI INGIUSTI SDEGNI. « J'ai déjà (dit un des personnages) répété » une fois l'alphabet grec pour apaiser ma co-» lère (*). »

Jean Bouchet, vieux poëte françois, avoit exprimé l'impatience d'une jeune fiancée de la manière suivante :

> Et m'est avis, quand j'ois quelque cheval
> Qui marche fier, qui fait les sauts et rue,
> Que c'est le vôtre ; alors je sors en rue,
> Hâtivement, cuidant que ce soit vous (**).

Molière a tiré de cette idée naïve une excellente plaisanterie : Georgette, en parlant d'Agnès, dit à Arnolphe :

> Elle vous croyoit voir de retour à toute heure :
> Et nous n'oyions jamais passer devant chez nous
> Cheval, âne ou mulet, qu'elle ne prît pour vous.

C'étoit ainsi qu'il s'approprioit les idées des anciens auteurs.

Les critiques contemporains, et même ceux de nos jours, ont blâmé le dénouement de L'ÉCOLE DES FEMMES. Il est vrai qu'il est inférieur à celui de L'ÉCOLE DES MARIS, l'un des meilleurs qui existent au théâtre. Mais avant de juger si sévèrement un des chefs-d'œuvre de Molière, il faudroit peut-être réfléchir un peu sur la nature du poëme comique, et sur ce qui le distingue du drame et de la tragédie. Dans ces deux derniers genres,

---

(*) Ho detto gia una volta l'alfabeto greco per temperar l'ira. (Atto III, sc. V.)

(**) Épître IV de Bouchet.

l'intérêt doit dominer : il faut que de scène en scène, d'acte en acte, cet intérêt augmente, et qu'avec vraisemblance on arrive à une catastrophe qui déchire le cœur ou calme ses agitations. L'objet de la comédie n'est pas le même : elle se borne à peindre les ridicules et les travers, à faire rire aux dépens de ceux qui en ont ; et les préparations nécessaires pour amener un dénouement savamment combiné étoufferoient souvent le comique, et nuiroient aux développements où les mœurs sont retracées. C'est pourquoi Molière n'a généralement admis que des intrigues très-simples, et s'est peu inquiété de ses dénouements, quand il a eu la certitude de remplir son véritable objet. Le dénouement de L'ÉCOLE DES MARIS étoit indiqué par la fable : au lieu que celui de L'ÉCOLE DES FEMMES auroit eu besoin, pour être mieux amené, de plusieurs préparations qui, jetées dans diverses parties de l'ouvrage, en auroient retardé la marche, et auroient affoibli le comique des scènes charmantes d'Horace et d'Arnolphe.

Au reste, aucune pièce ne fut plus critiquée et plus louée que celle-ci : nous y reviendrons dans les réflexions sur les deux comédies suivantes.

LA CRITIQUE

DE

L'ÉCOLE DES FEMMES,

COMÉDIE

EN UN ACTE ET EN PROSE,

Représentée à Paris, sur le théâtre du Palais-Royal, le 1er juin 1663.

A LA REINE MÈRE.

Madame,

Je sais bien que votre majesté n'a que faire de toutes nos dédicaces ; et que ces prétendus devoirs dont on lui dit élégamment qu'on s'acquitte envers elle sont des hommages, à dire vrai, dont elle nous dispenseroit très-volontiers : mais je ne laisse pas d'avoir l'audace de lui dédier *la Critique de l'École des Femmes*; et je n'ai pu refuser cette petite occasion de pouvoir témoigner ma joie à votre majesté sur cette heureuse convalescence qui redonne à nos vœux la plus grande et la meilleure princesse du monde, et nous promet en elle de longues années d'une santé vigoureuse. Comme chacun regarde les choses du côté de ce qui le touche, je me réjouis, dans cette allégresse générale, de pouvoir encore avoir l'honneur de divertir votre majesté ; elle,

Madame, qui prouve si bien que la véritable dévotion n'est point contraire aux honnêtes divertissements ; qui, de ses hautes pensées et de ses importantes occupations, descend si humainement dans le plaisir de nos spectacles, et ne dédaigne pas de rire de cette même bouche dont elle prie si bien Dieu : je flatte, dis-je, mon esprit de l'espérance de cette gloire ; j'en attends le moment avec toutes les impatiences du monde ; et quand je jouirai de ce bonheur, ce sera la plus grande joie que puisse recevoir,

MADAME,

De votre majesté

le très-humble, très-obéissant
et très-fidèle serviteur,
MOLIÈRE.

PERSONNAGES.

URANIE.
ÉLISE.
CLIMÈNE.
LE MARQUIS.
DORANTE ou LE CHEVALIER.
LYSIDAS, poëte.
GALOPIN, laquais.

La scène est à Paris, dans la maison d'Uranie.

LA CRITIQUE

DE

L'ÉCOLE DES FEMMES.

SCÈNE I.
URANIE, ÉLISE.

URANIE.

Quoi! cousine, personne ne t'est venu rendre visite?

ÉLISE.

Personne du monde.

URANIE.

Vraiment! voilà qui m'étonne, que nous ayons été seules l'une et l'autre tout aujourd'hui.

ÉLISE.

Cela m'étonne aussi : car ce n'est guère notre coutume ; et votre maison, Dieu merci, est le refuge ordinaire de tous les fainéants de la cour.

URANIE.

L'après-dînée, à dire vrai, m'a semblé fort longue.

ÉLISE.

Et moi je l'ai trouvée fort courte.

URANIE.

C'est que les beaux esprits, cousine, aiment la solitude.

ÉLISE.

Ah! très-humble servante au bel esprit! vous savez que ce n'est pas là que je vise.

URANIE.

Pour moi, j'aime la compagnie, je l'avoue.

ÉLISE.

Je l'aime aussi, mais je l'aime choisie; et la quantité des sottes visites qu'il vous faut essuyer parmi les autres est cause bien souvent que je prends plaisir d'être seule.

URANIE.

La délicatesse est trop grande de ne pouvoir souffrir que des gens triés.

ÉLISE.

Et la complaisance est trop générale de souffrir indifféremment toutes sortes de personnes.

URANIE.

Je goûte ceux qui sont raisonnables, et me divertis des extravagants.

ÉLISE.

Ma foi, les extravagants ne vont guère loin sans vous ennuyer, et la plupart de ces gens-là ne sont plus plaisants dès la seconde visite. Mais, à propos d'extravagants, ne voulez-vous pas me défaire de votre marquis incommode? Pensez-vous me le laisser toujours sur les bras, et que je puisse durer à ses turlupinades (*) perpétuelles?

(*) *Turlupinades*, mauvaises plaisanteries, pointes. (Voyez la note page 127.)

URANIE.

Ce langage est à la mode et on le tourne en plaisanterie à la cour.

ÉLISE.

Tant pis pour ceux qui le font, et qui se tuent tout le jour à parler de ce jargon obscur. La belle chose de faire entrer aux conversations du Louvre de vieilles équivoques ramassées parmi les boues des halles et de la place Maubert! La jolie façon de plaisanter pour des courtisans! et qu'un homme montre d'esprit lorsqu'il vient vous dire : Madame, vous êtes dans la Place-Royale, et tout le monde vous voit de trois lieues de Paris, car chacun vous voit de bon œil! à cause que Bonneuil est un village à trois lieues d'ici. Cela n'est-il pas bien galant et bien spirituel? et ceux qui trouvent ces belles rencontres n'ont-ils pas lieu de s'en glorifier?

URANIE.

On ne dit pas cela aussi comme une chose spirituelle; et la plupart de ceux qui affectent ce langage savent bien eux-mêmes qu'il est ridicule.

ÉLISE.

Tant pis encore de prendre peine à dire des sottises et d'être mauvais plaisants de dessein formé. Je les en tiens moins excusables; et, si j'en étois juge, je sais bien à quoi je condamnerois tous ces messieurs les turlupins.

URANIE.

Laissons cette matière qui t'échauffe un peu

trop, et disons que Dorante vient bien tard, à mon avis, pour le souper que nous devons faire ensemble.

ÉLISE.

Peut-être l'a-t-il oublié, et que...

SCÈNE II.

URANIE, ÉLISE, GALOPIN.

GALOPIN.

Voila Climène, madame, qui vient ici pour vous voir.

URANIE.

Hé! mon Dieu! quelle visite!

ÉLISE.

Vous vous plaignez d'être seule ; aussi le ciel vous en punit.

URANIE.

Vite, qu'on aille dire que je n'y suis pas.

GALOPIN.

On a déjà dit que vous y étiez.

URANIE.

Et qui est le sot qui l'a dit?

GALOPIN.

Moi, madame.

URANIE.

Diantre soit le petit vilain? Je vous apprendrai bien à faire vos réponses de vous-même.

GALOPIN.

Je vais lui dire, madame, que vous voulez être sortie.

URANIE.

Arrêtez, animal, et la laissez monter, puisque la sottise est faite.

GALOPIN.

Elle parle encore à un homme dans la rue.

URANIE.

Ah! cousine, que cette visite m'embarrasse à l'heure qu'il est!

ÉLISE.

Il est vrai que la dame est un peu embarrassante de son naturel : j'ai toujours eu pour elle une furieuse aversion ; et, n'en déplaise à sa qualité, c'est la plus sotte bête qui se soit jamais mêlée de raisonner.

URANIE.

L'épithète est un peu forte.

ÉLISE.

Allez, allez, elle mérite bien cela, et quelque chose de plus si on lui faisoit justice. Est-ce qu'il y a une personne qui soit plus véritablement qu'elle ce qu'on appelle précieuse, à prendre le mot dans sa plus mauvaise signification ?

URANIE.

Elle se défend bien de ce nom pourtant.

ÉLISE.

Il est vrai, elle se défend du nom, mais non pas de la chose : car enfin elle l'est depuis les pieds jusqu'à la tête, et la plus grande façonnière du monde. Il semble que tout son corps soit démonté, et que les mouvements de ses hanches, de ses épaules et de sa tête, n'aillent que par ressorts. Elle affecte toujours un ton de voix languissant et niais, fait la moue pour montrer une petite bouche, et roule les yeux pour les faire paroître grands.

URANIE.

Doucement donc. Si elle venoit à entendre...

ÉLISE.

Point, point; elle ne monte pas encore. Je me souviens toujours du soir qu'elle eut envie de voir Damon, sur la réputation qu'on lui donne et les choses que le public a vues de lui. Vous connoissez l'homme et sa naturelle paresse à soutenir la conversation. Elle l'avoit invité à souper comme bel-esprit, et jamais il ne parut si sot parmi une demi-douzaine de gens à qui elle avoit fait fête de lui, et qui le regardoient avec de grands yeux, comme une personne qui ne devoit pas être faite comme les autres. Ils pensoient tous qu'il étoit là pour défrayer la compagnie de bons mots; que chaque parole qui sortoit de sa bouche devoit être extraordinaire; qu'il devoit faire des impromptu sur tout ce qu'on disoit, et ne demander à boire qu'avec une pointe. Mais il les trompa fort par son silence; et la dame fut aussi mal satisfaite de lui que je le fus d'elle.

URANIE.

Tais-toi. Je vais la recevoir à la porte de la chambre.

ÉLISE.

Encore un mot. Je voudrois bien la voir mariée avec le marquis dont nous avons parlé : le bel assemblage que ce seroit d'une précieuse et d'un turlupin ! (*)

URANIE.

Veux-tu te taire ? La voici.

SCÈNE III.

CLIMÈNE, URANIE, ÉLISE, GALOPIN.

URANIE.

Vraiment, c'est bien tard que...

CLIMÈNE.

Hé ! de grâce, ma chère, faites-moi vite donner un siége.

URANIE, à Galopin.

Un fauteuil promptement.

CLIMÈNE.

Ah ! mon Dieu !

URANIE.

Qu'est-ce donc ?

CLIMÈNE.

Je n'en puis plus.

URANIE.

Qu'avez-vous ?

CLIMÈNE.

Le cœur me manque.

URANIE.

Sont-ce vapeurs qui vous ont pris ?

(*) *Turlupin*. Il y avoit à l'hôtel de Bourgogne un célèbre farceur qui se faisoit appeler *Belleville* pour le comique, et *Turlupin* pour la farce. On a donné le nom de *Turlupins* aux mauvais plaisants, aux faiseurs de pointes.

CLIMÈNE.

Non.

URANIE.

Voulez-vous qu'on vous délace ?

CLIMÈNE.

Mon Dieu ! non. Ah !

URANIE.

Quel est donc votre mal ? et depuis quand vous a-t-il pris ?

CLIMÈNE.

Il y a plus de trois heures, et je l'ai apporté du Palais-Royal.

URANIE.

Comment ?

CLIMÈNE.

Je viens de voir pour mes péchés cette méchante rapsodie de l'École des Femmes. Je suis encore en défaillance du mal de cœur que cela m'a donné ; et je pense que je n'en reviendrai de plus de quinze jours.

ÉLISE.

Voyez un peu comme les maladies arrivent sans qu'on y songe !

URANIE.

Je ne sais pas de quel tempérament nous sommes ma cousine et moi ; mais nous fûmes avant-hier à la même pièce, et nous en revînmes toutes deux saines et gaillardes.

CLIMÈNE.

Quoi ! vous l'avez vue ?

URANIE.

Oui, et écoutée d'un bout à l'autre.

CLIMÈNE.

Et vous n'en avez pas été jusques aux convulsions, ma chère ?

URANIE.

Je ne suis pas si délicate, Dieu merci ; et je trouve, pour moi, que cette comédie seroit plutôt capable de guérir les gens que de les rendre malades.

CLIMÈNE.

Ah ! mon Dieu ! que dites-vous là ? Cette proposition peut-elle être avancée par une personne qui ait du revenu en sens commun ? Peut-on, comme vous faites, rompre en visière à la raison ? Et, dans le vrai de la chose, est-il un esprit si affamé de la plaisanterie, qu'il puisse tâter des fadaises dont cette comédie est assaisonnée ? Pour moi, je vous avoue que je n'ai pas trouvé le moindre grain de sel dans tout cela. *Les enfants par l'oreille* m'ont paru d'un goût détestable, *la tarte à la crème* m'a affadi le cœur ; et j'ai pensé vomir *au potage*.

ÉLISE.

Mon Dieu ! que tout cela est dit élégamment ! J'aurois cru que cette pièce étoit bonne : mais madame a une éloquence si persuasive, elle tourne les choses d'une manière si agréable, qu'il faut être de son sentiment malgré qu'on en ait.

URANIE.

Pour moi, je n'ai pas tant de complaisance ; et pour dire ma pensée, je tiens cette comédie une des plus plaisantes que l'auteur ait produites.

CLIMÈNE.

Ah! vous me faites pitié de parler ainsi, et je ne saurois vous souffrir cette obscurité de discernement. Peut-on, ayant de la vertu, trouver de l'agrément dans une pièce qui tient sans cesse la pudeur en alarme, et salit à tout moment l'imagination?

ÉLISE.

Les jolies façons de parler que voilà! Que vous êtes, madame, une rude joueuse en critique! et que je plains le pauvre Molière de vous avoir pour ennemie!

CLIMÈNE.

Croyez-moi, ma chère, corrigez de bonne foi votre jugement; et, pour votre honneur, n'allez point dire par le monde que cette comédie vous ait plu.

URANIE.

Moi, je ne sais pas ce que vous y avez trouvé qui blesse la pudeur.

CLIMÈNE.

Hélas! tout; et je mets en fait qu'une honnête femme ne la sauroit voir sans confusion, tant j'y ai découvert d'ordures et de saletés.

URANIE.

Il faut donc que pour les ordures vous ayez des lumières que les autres n'ont pas; car, pour moi, je n'y en ai point vu.

CLIMÈNE.

C'est que vous ne voulez pas y en avoir vu,

assurément ; car enfin toutes ces ordures, Dieu merci, y sont à visage découvert. Elles n'ont pas la moindre enveloppe qui les couvre, et les yeux les plus hardis sont effrayés de leur nudité.

ÉLISE.

Ah !

CLIMÈNE.

Hai, hai, hai.

URANIE.

Mais encore, s'il vous plaît, marquez-moi une de ces ordures que vous dites.

CLIMÈNE.

Hélas ! est-il nécessaire de vous les marquer ?

URANIE.

Oui. Je vous demande seulement un endroit qui vous ait fort choquée.

CLIMÈNE.

En faut-il d'autres que la scène de cette Agnès lorsqu'elle dit ce qu'on lui a pris ?

URANIE.

Et que trouvez-vous là de sale ?

CLIMÈNE.

Ah !

URANIE.

De grâce.

CLIMÈNE.

Fi !

URANIE.

Mais encore ?

CLIMÈNE.

Je n'ai rien à vous dire.

URANIE.

Pour moi, je n'y entends point de mal.

CLIMÈNE.

Tant pis pour vous.

URANIE.

Tant mieux plutôt, ce me semble : je regarde les choses du côté qu'on me les montre, et ne les tourne point pour y chercher ce qu'il ne faut pas voir.

CLIMÈNE.

L'honnêteté d'une femme...

URANIE.

L'honnêteté d'une femme n'est pas dans les grimaces. Il sied mal de vouloir être plus sage que celles qui sont sages. L'affectation en cette matière est pire qu'en toute autre ; et je ne vois rien de si ridicule que cette délicatesse d'honneur qui prend tout en mauvaise part, donne un sens criminel aux plus innocentes paroles, et s'offense de l'ombre des choses. Croyez-moi, celles qui font tant de façons n'en sont pas estimées plus femmes de bien ; au contraire, leur sévérité mystérieuse et leurs grimaces affectées irritent la censure de tout le monde contre les actions de leur vie. On est ravi de découvrir ce qu'il y peut avoir à redire : et, pour tomber dans l'exemple, il y avoit l'autre jour des femmes à cette comédie, vis-à-vis de la loge où nous étions, qui, par les mines qu'elles affectèrent durant toute la pièce, leurs détournements de tête, et leurs cachements de visage, firent dire de tous côtés cent sottises de leur conduite, que l'on n'auroit pas dites sans cela : et quelqu'un même des laquais cria tout haut qu'elles étoient plus chastes des oreilles que de tout le reste du corps.

CLIMÈNE.

Enfin il faut être aveugle dans cette pièce, et ne pas faire semblant d'y voir les choses.

URANIE.

Il ne faut pas y vouloir voir ce qui n'y est pas.

CLIMÈNE.

Ah ! je soutiens, encore un coup, que les saletés y crèvent les yeux.

URANIE.

Et moi, je ne demeure pas d'accord de cela.

CLIMÈNE.

Quoi ! la pudeur n'est pas visiblement blessée par ce que dit Agnès dans l'endroit où nous parlons ?

URANIE.

Non, vraiment elle ne dit pas un mot qui de soi ne soit fort honnête ; et, si vous voulez entendre dessous quelque autre chose, c'est vous qui faites l'ordure, et non pas elle, puisqu'elle parle seulement d'un ruban qu'on lui a pris.

CLIMÈNE.

Ah ! ruban tant qu'il vous plaira ; mais ce *le* où elle s'arrête n'est pas mis pour des prunes. Il vient sur ce *le* d'étranges pensées : ce *le* scandalise furieusement, et quoi que vous puissiez dire, vous ne sauriez défendre l'insolence de ce *le*.

ÉLISE.

Il est vrai, ma cousine, je suis pour madame contre ce *le*. Ce *le* est insolent au dernier point, et vous avez tort de défendre ce *le*.

CLIMÈNE.

Il a une obscénité qui n'est pas supportable.

ÉLISE.

Comment dites-vous ce mot-là, madame?

CLIMÈNE.

Obscénité, madame.

ÉLISE.

Ah! mon Dieu! obscénité. Je ne sais ce que ce mot veut dire; mais je le trouve le plus joli du monde.

CLIMÈNE.

Enfin vous voyez comme votre sang prend mon parti.

URANIE.

Hé! mon Dieu! c'est une causeuse qui ne dit pas ce qu'elle pense. Ne vous y fiez pas beaucoup, si vous m'en voulez croire.

ÉLISE.

Ah! que vous êtes méchante de me vouloir rendre suspecte à madame! Voyez un peu où j'en serois, si elle alloit croire ce que vous dites. Serois-je si malheureuse, madame, que vous eussiez de moi cette pensée?

CLIMÈNE.

Non, non; je ne m'arrête pas à ses paroles, et je vous crois plus sincère qu'elle ne dit.

ÉLISE.

Ah! que vous avez bien raison, madame! et que vous me rendrez justice quand vous croirez que je vous trouve la plus engageante personne du monde, que j'entre dans tous vos sentiments, et suis charmée de toutes les expressions qui sortent de votre bouche.

CLIMÈNE.

Hélas! je parle sans affectation.

ÉLISE.

On le voit bien, madame, et que tout est naturel en vous. Vos paroles, le ton de votre voix, vos regards, vos pas, votre action, et votre ajustement, ont je ne sais quel air de qualité qui enchante les gens. Je vous étudie des yeux et des oreilles : et je suis si remplie de vous, que je tâche d'être votre singe et de vous contrefaire en tout.

CLIMÈNE.

Vous vous moquez de moi, madame.

ÉLISE.

Pardonnez-moi, madame. Qui voudroit se moquer de vous?

CLIMÈNE.

Je ne suis pas un bon modèle, madame.

ÉLISE.

Oh que si, madame!

CLIMÈNE.

Vous me flattez, madame.

ÉLISE.

Point du tout, madame.

CLIMÈNE.

Épargnez-moi, s'il vous plaît, madame.

ÉLISE.

Je vous épargne aussi, madame ; et je ne dis pas la moitié de ce que je pense, madame.

CLIMÈNE.

Ah ! mon Dieu ! brisons là, de grâce. Vous me jetteriez dans une confusion épouvantable. Enfin (à Uranie) nous voilà deux contre vous ; et l'opiniâtreté sied si mal aux personnes spirituelles...

SCÈNE IV.

LE MARQUIS, CLIMÈNE, URANIE, ÉLISE, GALOPIN.

GALOPIN, à la porte de la chambre.

Arrêtez, s'il vous plaît, monsieur.

LE MARQUIS.

Tu ne me connois pas, sans doute !

GALOPIN.

Si fait, je vous connois ; mais vous n'entrerez pas.

LE MARQUIS.

Ah ! que de bruit, petit laquais !

GALOPIN.

Cela n'est pas bien de vouloir entrer malgré les gens.

LE MARQUIS.
Je veux voir ta maîtresse.
GALOPIN.
Elle n'y est pas, vous dis-je.
LE MARQUIS.
La voilà dans sa chambre.
GALOPIN.
Il est vrai, la voilà : mais elle n'y est pas.
URANIE.
Qu'est-ce donc qu'il y a là ?
LE MARQUIS.
C'est votre laquais, madame, qui fait le sot.
GALOPIN.
Je lui dis que vous n'y êtes pas, madame ; et il ne veut pas laisser d'entrer.
URANIE.
Et pourquoi dire à monsieur que je n'y suis pas ?
GALOPIN.
Vous me grondâtes l'autre jour de lui avoir dit que vous y étiez.
URANIE.
Voyez cet insolent ! Je vous prie, monsieur, de ne pas croire ce qu'il dit. C'est un petit écervelé qui vous a pris pour un autre.
LE MARQUIS.
Je l'ai bien vu, madame, et, sans votre respect, je lui aurois appris à connoître les gens de qualité.
ÉLISE.
Ma cousine vous est fort obligée de cette déférence.

URANIE, à Galopin.

Un siége donc, impertinent !

GALOPIN.

N'en voilà-t-il pas un ?

URANIE.

Approchez-le.

(Galopin pousse le siége rudement, et sort.)

SCÈNE V.

LE MARQUIS, CLIMÈNE, URANIE, ÉLISE.

LE MARQUIS.

Votre petit laquais, madame, a du mépris pour ma personne.

ÉLISE.

Il auroit tort, sans doute.

LE MARQUIS.

C'est peut-être que je paie l'intérêt de ma mauvaise mine : (*il rit*) hai, hai, hai.

ÉLISE.

L'âge le rendra plus éclairé en honnêtes gens.

LE MARQUIS.

Sur quoi en étiez-vous, mesdames, lorsque je vous ai interrompues ?

URANIE.

Sur la comédie de l'École des Femmes.

LE MARQUIS.

Je ne fais que d'en sortir.

CLIMÈNE.

Hé bien ! monsieur, comment la trouvez-vous, s'il vous plaît ?

LE MARQUIS.

Tout-à-fait impertinente.

CLIMÈNE.

Ah ! que j'en suis ravie !

LE MARQUIS.

C'est la plus méchante chose du monde. Comment diable ! à peine ai-je pu trouver place. J'ai pensé être étouffé à la porte, et jamais on ne m'a tant marché sur les pieds. Voyez comme mes canons et mes rubans en sont ajustés, de grâce.

ÉLISE.

Il est vrai que cela crie vengeance contre l'École des Femmes, et que vous la condamnez avec justice.

LE MARQUIS.

Il ne s'est jamais fait, je pense, une si méchante comédie.

URANIE.

Ah ! voici Dorante que nous attendions.

SCÈNE VI.

DORANTE, CLIMÈNE, URANIE, ÉLISE, LE MARQUIS.

DORANTE.

Ne bougez, de grâce, et n'interrompez point votre discours. Vous êtes là sur une matière qui, depuis quatre jours, fait presque l'entretien de toutes les maisons de Paris ; et jamais on n'a rien vu de si plaisant que la diversité des jugements qui se font là-dessus : car enfin j'ai ouï condamner cette comédie à certaines gens par les mêmes choses que j'ai vu d'autres estimer le plus.

URANIE.

Voilà monsieur le marquis qui en dit force mal.

LE MARQUIS.

Il est vrai. Je la trouve détestable, morbleu ! détestable, du dernier détestable, ce qu'on appelle détestable.

DORANTE.

Et moi, mon cher marquis, je trouve le jugement détestable.

LE MARQUIS.

Quoi ! chevalier, est-ce que tu prétends soutenir cette pièce ?

DORANTE.

Oui, je prétends la soutenir.

LE MARQUIS.

Parbleu ! je la garantis détestable.

DORANTE.

La caution n'est pas bourgeoise. Mais, marquis, par quelle raison, de grâce, cette comédie est-elle ce que tu dis ?

LE MARQUIS.

Pourquoi elle est détestable ?

DORANTE.

Oui.

LE MARQUIS.

Elle est détestable, parce qu'elle est détestable.

DORANTE.

Après cela il n'y a plus rien à dire : voilà son

procès fait. Mais encore, instruis-nous, et nous dis les défauts qui y sont.

LE MARQUIS.

Que sais-je, moi? Je ne me suis pas seulement donné la peine de l'écouter. Mais enfin je sais bien que je n'ai jamais rien vu de si méchant, Dieu me sauve! et Dorilas, contre qui j'étois, a été de mon avis.

DORANTE.

L'autorité est belle, et te voilà bien appuyé !

LE MARQUIS.

Il ne faut que voir les continuels éclats de rire que le parterre y fait. Je ne veux point d'autre chose pour témoigner qu'elle ne vaut rien.

DORANTE.

Tu es donc, marquis, de ces messieurs du bel air qui ne veulent pas que le parterre ait du sens commun, et qui seroient fâchés d'avoir ri avec lui, fût-ce de la meilleure chose du monde ? Je vis l'autre jour sur le théâtre un de nos amis qui se rendit ridicule par-là. Il écouta toute la pièce avec un sérieux le plus sombre du monde; et tout ce qui égayoit les autres ridoit son front. A tous les éclats de risée, il haussoit les épaules, et regardoit le parterre en pitié ; et quelquefois aussi, le regardant avec dépit, il lui disoit tout haut : *Ris donc, parterre, ris donc.* Ce fut une seconde comédie que le chagrin de notre ami : il la donna en galant homme à toute l'assemblée, et chacun demeura d'accord qu'on ne pouvoit pas mieux jouer qu'il fit. Apprends, marquis, je te prie, et les autres aussi, que le bon sens n'a point de place déterminée à la comédie ; que la différence du demi-louis d'or (*) et de la pièce de quinze sous ne fait rien du tout au bon goût ; que debout ou assis on peut donner un mauvais jugement ; et qu'enfin, à le prendre en général, je me fierois assez à l'approbation du parterre, par la raison qu'entre ceux qui le composent il y en a plusieurs qui sont capables de juger d'une pièce selon les règles, et que les autres en jugent par la bonne façon d'en juger, qui est de se laisser prendre aux choses, et de n'avoir ni prévention aveugle, ni complaisance affectée, ni délicatesse ridicule.

LE MARQUIS.

Te voilà donc, chevalier, le défenseur du parterre ! Parbleu, je m'en réjouis, et je ne manquerai pas de l'avertir que tu es de ses amis. Haï, haï...

DORANTE.

Ris tant que tu voudras. Je suis pour le bon sens, et ne saurois souffrir les ébullitions de cerveau de nos marquis de Mascarille. J'enrage de voir de ces gens qui se traduisent en ridicules malgré leur qualité ; de ces gens qui décident toujours, et parlent hardiment de toutes choses sans s'y connoître ; qui, dans une comédie, se récrieront aux méchants endroits, et ne branle-

---

(*) Le *louis* ou *lys d'or* valoit à cette époque 7 livres tournois. Le marc étoit à 425 livres 10 sous 11 deniers, à vingt-trois karats un quart du titre. Le prix des premières places au spectacle étoit donc de trois livres dix sous.

ront pas à ceux qui sont bons ; qui, voyant un tableau, ou écoutant un concert de musique, blâment de même, et louent tout à contre-sens, prennent par où ils peuvent les termes de l'art qu'ils attrapent, et ne manquent jamais de les estropier et de les mettre hors de place. Hé! morbleu! messieurs, taisez-vous. Quand Dieu ne vous a pas donné la connoissance d'une chose, n'apprêtez point à rire à ceux qui vous entendent parler; et songez qu'en ne disant mot on croira peut-être que vous êtes d'habiles gens.

LE MARQUIS.

Parbleu! chevalier, tu le prends là...

DORANTE.

Mon Dieu! marquis, ce n'est pas à toi que je parle; c'est à une douzaine de messieurs qui déshonorent les gens de cour par leurs manières extravagantes, et font croire parmi le peuple que nous nous ressemblons tous. Pour moi, je m'en veux justifier le plus qu'il me sera possible; et je les dauberai tant en toutes rencontres, qu'à la fin ils se rendront sages.

LE MARQUIS.

Dis-moi un peu, chevalier : crois-tu que Lysandre ait de l'esprit?

DORANTE.

Oui, sans doute, et beaucoup.

URANIE.

C'est une chose qu'on ne peut pas nier.

LE MARQUIS.

Demande-lui ce qui lui semble de l'École des

Femmes, tu verras qu'il te dira qu'elle ne lui plaît pas.

DORANTE.

Hé! mon Dieu! il y en a beaucoup que le trop d'esprit gâte, qui voient mal les choses à force de lumières, et même qui seroient bien fâchés d'être de l'avis des autres, pour avoir la gloire de décider.

URANIE.

Il est vrai. Notre ami est de ces gens-là, sans doute. Il veut être le premier de son opinion, et qu'on attende par respect son jugement. Toute approbation qui marche avant la sienne est un attentat sur ses lumières, et dont il se venge hautement en prenant le contraire parti. Il veut qu'on le consulte sur toutes les affaires d'esprit; et je suis sûre que, si l'auteur lui eût montré sa comédie avant que de la faire voir au public, il l'eût trouvée la plus belle du monde.

LE MARQUIS.

Et que direz-vous de la marquise Araminte, qui la publie partout pour épouvantable, et dit qu'elle n'a pu jamais souffrir les ordures dont elle est pleine?

DORANTE.

Je dirai que cela est digne du caractère qu'elle a pris, et qu'il y a des personnes qui se rendent ridicules pour vouloir avoir trop d'honneur. Bien qu'elle ait de l'esprit, elle a suivi le mauvais exemple de celles qui, étant sur le retour de l'âge, veulent remplacer de quelque chose ce qu'elles voient qu'elles perdent, et prétendent que les grimaces d'une pruderie scrupuleuse leur tiendront lieu de jeunesse et de beauté. Celle-ci pousse l'affaire plus avant qu'aucune ; et l'habileté de son scrupule découvre des saletés où jamais personne n'en avoit vu. On tient qu'il va, ce scrupule, jusques à défigurer notre langue, et qu'il n'y a presque point de mots dont la sévérité de cette dame ne veuille retrancher ou la tête ou la queue pour les syllabes déshonnêtes qu'elle y trouve.

URANIE.

Vous êtes bien fou, chevalier.

LE MARQUIS.

Enfin, chevalier, tu crois défendre ta comédie en faisant la satire de ceux qui la condamnent.

DORANTE.

Non pas ; mais je tiens que cette dame se scandalise à tort...

ÉLISE.

Tout beau, monsieur le chevalier ! il pourroit y en avoir d'autres qu'elle qui seroient dans les mêmes sentiments.

DORANTE.

Je sais bien que ce n'est pas vous, au moins ; et que lorsque vous avez vu cette représentation...

ÉLISE.

Il est vrai, mais j'ai changé d'avis ; et madame (montrant Climène) sait appuyer le sien par des raisons si convaincantes, qu'elle m'a entraînée de son côté.

DORANTE, à Climène.

Ah! madame; je vous demande pardon; et, si vous le voulez, je me dédirai, pour l'amour de vous, de tout ce que j'ai dit.

CLIMÈNE.

Je ne veux pas que ce soit pour l'amour de moi; mais pour l'amour de la raison : car enfin cette pièce, à le bien prendre, est tout-à-fait indéfendable, et je ne conçois pas...

URANIE.

Ah! voici l'auteur monsieur Lysidas. Il vient tout à propos pour cette matière. Monsieur Lysidas, prenez un siége vous-même, et vous mettez là.

SCÈNE VII.

LYSIDAS, CLIMÈNE, URANIE, ÉLISE. DORANTE, LE MARQUIS.

LYSIDAS.

Madame, je viens un peu tard : mais il m'a fallu lire ma pièce chez madame la marquise dont je vous avois parlé; et les louanges qui lui ont été données m'ont retenu une heure de plus que je ne croyois.

ÉLISE.

C'est un grand charme que les louanges pour arrêter un auteur.

URANIE.

Asseyez-vous donc, monsieur Lysidas; nous lirons votre pièce après souper.

LYSIDAS.

Tous ceux qui étoient là doivent venir à sa première représentation, et m'ont promis de faire leur devoir comme il faut.

URANIE.

Je le crois. Mais, encore une fois, asseyez-vous, s'il vous plaît. Nous sommes ici sur une matière que je serai bien aise que nous poussions.

LYSIDAS.

Je pense, madame, que vous retiendrez aussi une loge pour ce jour-là.

URANIE.

Nous verrons. Poursuivons, de grâce, notre discours.

LYSIDAS.

Je vous donne avis, madame, qu'elles sont presque toutes retenues.

URANIE.

Voilà qui est bien. Enfin j'avois besoin de vous, lorsque vous êtes venu, et tout le monde étoit ici contre moi.

ÉLISE, à Uranie.

(Montrant Dorante.) Il s'est mis d'abord de votre côté ; mais maintenant qu'il sait que madame (montrant Climène) est à la tête du parti contraire, je pense que vous n'avez qu'à chercher un autre secours.

CLIMÈNE.

Non, non, je ne voudrois pas qu'il fît mal sa cour auprès de madame votre cousine, et je permets à son esprit d'être du parti de son cœur.

DORANTE.

Avec cette permission, madame, je prendrai la hardiesse de me défendre.

URANIE.

Mais, auparavant, sachons un peu les sentiments de monsieur Lysidas.

LYSIDAS.

Sur quoi, madame ?

URANIE.

Sur le sujet de l'École des Femmes.

LYSIDAS.

Ah ! ah !

DORANTE.

Que vous en semble ?

LYSIDAS.

Je n'ai rien à dire là-dessus ; et vous savez qu'entre nous autres auteurs nous devons parler des ouvrages les uns des autres avec beaucoup de circonspection.

DORANTE.

Mais encore, entre nous, que pensez-vous de cette comédie ?

LYSIDAS.

Moi, monsieur ?

URANIE.

De bonne foi, dites-nous votre avis.

LYSIDAS.

Je la trouve fort belle.

DORANTE.

Assurément ?

LYSIDAS.

Assurément. Pourquoi non! n'est-elle pas en effet la plus belle du monde?

DORANTE.

Hon, hon, vous êtes un méchant diable, monsieur Lysidas; vous ne dites pas ce que vous pensez.

LYSIDAS.

Pardonnez-moi.

DORANTE.

Mon Dieu! je vous connois. Ne dissimulons point.

LYSIDAS.

Moi, monsieur?

DORANTE.

Je vois bien que le bien que vous dites de cette pièce n'est que par honnêteté, et que, dans le fond du cœur, vous êtes de l'avis de beaucoup de gens qui la trouvent mauvaise.

LYSIDAS.

Hai, hai, hai.

DORANTE.

Avouez, ma foi, que c'est une méchante chose que cette comédie.

LYSIDAS.

Il est vrai qu'elle n'est pas approuvée par les connoisseurs.

LE MARQUIS.

Ma foi, chevalier, tu en tiens; et te voilà payé de ta raillerie. Ah, ah, ah, ah, ah.

DORANTE.

Pousse, mon cher marquis, pousse.

LE MARQUIS.

Tu vois que nous avons les savants de notre côté.

DORANTE.

Il est vrai, le jugement de monsieur Lysidas est quelque chose de considérable : mais monsieur Lysidas veut bien que je ne me rende pas pour cela ; et puisque j'ai bien l'audace de me défendre contre les sentiments de madame (montrant Climène), il ne trouvera pas mauvais que je combatte les siens.

ÉLISE.

Quoi ! vous voyez contre vous madame, monsieur le marquis, monsieur Lysidas, et vous osez résister encore ! Fi ! que cela est de mauvaise grâce !

CLIMÈNE.

Voilà qui me confond, pour moi, que des personnes raisonnables se puissent mettre en tête de donner protection aux sottises de cette pièce.

LE MARQUIS.

Dieu me damne ! madame, elle est misérable depuis le commencement jusqu'à la fin.

DORANTE.

Cela est bientôt dit, marquis. Il n'est rien plus aisé que de trancher ainsi ; et je ne vois aucune chose qui puisse être à couvert de la souveraineté de tes décisions.

LE MARQUIS.

Parbleu ! tous les autres comédiens qui étoient là pour la voir en ont dit tous les maux du monde.

DORANTE.

Ah ! je ne dis plus mot ; tu as raison, marquis. Puisque les autres comédiens en disent du mal, il faut les en croire assurément : ce sont tous gens éclairés et qui parlent sans intérêt. Il n'y a plus rien à dire, je me rends.

CLIMÈNE.

Rendez-vous, ou ne vous rendez pas, je sais fort bien que vous ne me persuaderez point de souffrir les immodesties de cette pièce, non plus que les satires désobligeantes qu'on y voit contre les femmes.

URANIE.

Pour moi, je me garderai bien de m'en offenser, et de prendre rien sur mon compte de tout ce qui s'y dit. Ces sortes de satires tombent directement sur les mœurs ; et ne frappent les personnes que par réflexion. N'allons point nous appliquer à nous-mêmes les traits d'une censure générale ; et profitons de la leçon, si nous pouvons sans faire semblant qu'on parle à nous. Toutes les peintures ridicules qu'on expose sur les théâtres doivent être regardées sans chagrin de tout le monde. Ce sont miroirs publics où il ne faut jamais témoigner qu'on se voie ; et c'est se taxer hautement d'un défaut que se scandaliser qu'on le reprenne.

CLIMÈNE.

Pour moi, je ne parle pas de ces choses par la part que j'y puisse avoir, et je pense que je vis d'un air dans le monde à ne pas craindre d'être cherchée dans les peintures qu'on fait là des femmes qui se gouvernent mal.

ÉLISE.

Assurément, madame, on ne vous y cherchera point. Votre conduite est assez connue, et ce sont de ces sortes de choses qui ne sont contestées par personne.

URANIE, à Climène.

Aussi, madame, n'ai-je rien dit qui aille à vous, et mes paroles, comme les satires de la comédie, demeurent dans la thèse générale.

CLIMÈNE.

Je n'en doute pas, madame. Mais enfin passons sur ce chapitre. Je ne sais pas de quelle façon vous recevez les injures qu'on dit à notre sexe dans un certain endroit de la pièce ; et pour moi, je vous avoue que je suis dans une colère épouvantable de voir que cet auteur impertinent nous appelle *des animaux.*

URANIE.

Ne voyez-vous pas que c'est un ridicule qu'il fait parler ?

DORANTE.

Et puis, madame, ne savez-vous pas que les injures des amants n'offensent jamais ; qu'il est des amours emportés aussi-bien que des doucereux ; et qu'en de pareilles occasions les paroles les plus étranges, et quelque chose de pis encore, se prennent bien souvent pour des marques d'affection par celles mêmes qui les reçoivent ?

ÉLISE.

Dites tout ce que vous voudrez, je ne saurois digérer cela, non plus que *le potage* et *la tarte à la crème* dont madame a parlé tantôt.

LE MARQUIS.

Ah! ma foi, oui, *tarte à la crème!* Voilà ce que j'avois remarqué tantôt; *tarte à la crème!* Que je vous suis obligé, madame, de m'avoir fait souvenir de *tarte à la crème!* Y a-t-il assez de pommes en Normandie (*) pour *tarte à la crème? Tarte à la crème!* morbleu, *tarte à la crème!*

DORANTE.

Hé bien! que veux-tu dire? *tarte à la crème!*

LE MARQUIS.

Parbleu! *tarte à la crème*, chevalier.

DORANTE.

Mais encore?

LE MARQUIS.

Tarte à la crème!

DORANTE.

Dis-nous un peu tes raisons.

LE MARQUIS.

Tarte à la crème!

URANIE.

Mais il faut expliquer sa pensée, ce me semble.

(*) Autrefois on jetoit des pommes aux acteurs lorsqu'on étoit mécontent de leur jeu ou de la pièce. On connoit l'épigramme de Racine sur l'origine des sifflets:

Quant à Pradon, si j'ai bonne mémoire,
Pommes sur lui volèrent largement,

LE MARQUIS.

Tarte à la crème, madame.

URANIE.

Que trouvez-vous là à redire?

LE MARQUIS.

Moi? rien. *Tarte à la crème!*

URANIE.

Ah! je le quitte.

ÉLISE.

Monsieur le marquis s'y prend bien, et vous bourre de la belle manière. Mais je voudrois bien que monsieur Lysidas voulût les achever, et leur donner quelques petits coups de sa façon.

LYSIDAS.

Ce n'est pas ma coutume de rien blâmer, et je suis assez indulgent pour les ouvrages des autres. Mais enfin, sans choquer l'amitié que monsieur le chevalier témoigne pour l'auteur, on m'avouera que ces sortes de comédies ne sont pas proprement des comédies, et qu'il y a une grande différence de toutes ces bagatelles à la beauté des pièces sérieuses. Cependant tout le monde donne là-dedans aujourd'hui; on ne court plus qu'à cela; et l'on voit une solitude effroyable aux grands ouvrages, lorsque des sottises ont tout Paris. Je vous avoue que le cœur m'en saigne quelquefois, et cela est honteux pour la France.

CLIMÈNE.

Il est vrai que le goût des gens est étrangement gâté là-dessus, et que le siècle s'encanaille furieusement.

ÉLISE.

Celui-là est joli encore, *s'encanaille!* Est-ce vous qui l'avez inventé, madame?

CLIMÈNE.

Hé!

ÉLISE.

Je m'en suis bien douté.

DORANTE.

Vous croyez donc, monsieur Lysidas, que tout l'esprit et toute la beauté sont dans les poëmes sérieux, et que les pièces comiques sont des niaiseries qui ne méritent aucune louange?

URANIE.

Ce n'est pas mon sentiment, pour moi. La tragédie, sans doute, est quelque chose de beau quand elle est bien touchée; mais la comédie a ses charmes, et je tiens que l'une n'est pas moins difficile que l'autre.

DORANTE.

Assurément, madame; et quand, pour la difficulté, vous mettriez un peu plus du côté de la comédie, peut-être que vous ne vous abuseriez pas: car enfin je trouve qu'il est bien plus aisé de se guinder sur de grands sentiments, de braver en vers la fortune, accuser les destins, et dire des injures aux dieux, que d'entrer comme il faut dans le ridicule des hommes, et de rendre agréablement sur le théâtre les défauts de tout le monde. Lorsque vous peignez des héros, vous faites ce que vous voulez; ce sont des portraits à plaisir, où l'on ne cherche point de ressemblance, et vous n'avez qu'à suivre les traits d'une imagination qui se donne l'essor, et qui souvent laisse le vrai pour attraper le merveilleux. Mais, lorsque vous peignez les hommes, il faut peindre d'après nature : on veut que ces portraits ressemblent ; et vous n'avez rien fait, si vous n'y faites reconnoître les gens de votre siècle. En un mot, dans les pièces sérieuses, il suffit, pour n'être point blâmé, de dire des choses qui soient de bon sens et bien écrites : mais ce n'est pas assez dans les autres, il y faut plaisanter ; et c'est une étrange entreprise que celle de faire rire les honnêtes gens.

CLIMÈNE.

Je crois être du nombre des honnêtes gens ; et cependant je n'ai pas trouvé le mot pour rire dans tout ce que j'ai vu.

LE MARQUIS.

Ma foi, ni moi non plus.

DORANTE.

Pour toi, marquis, je ne m'en étonne pas : c'est que tu n'y as point trouvé de turlupinades.

LYSIDAS.

Ma foi, monsieur, ce qu'on y rencontre ne vaut guère mieux ; et toutes les plaisanteries y sont assez froides, à mon avis.

DORANTE.

La cour n'a pas trouvé cela...

LYSIDAS.

Ah ! monsieur, la cour !

DORANTE.

Achevez, monsieur Lysidas. Je vois bien que vous voulez dire que la cour ne se connoît pas à ces choses ; et c'est le refuge ordinaire de vous autres messieurs les auteurs, dans le mauvais succès de vos ouvrages, que d'accuser l'injustice du siècle, et le peu de lumières des courtisans. Sachez, s'il vous plaît, monsieur Lysidas, que les courtisans ont d'aussi bons yeux que d'autres ; qu'on peut être habile avec un point de Venise et des plumes aussi-bien qu'avec une perruque courte et un petit rabat uni ; que la grande épreuve de toutes vos comédies, c'est le jugement de la cour ; que c'est son goût qu'il faut étudier pour trouver l'art de réussir ; qu'il n'y a point de lieu où les décisions soient si justes ; et, sans mettre en ligne de compte tous les gens savants qui y sont, que, du simple bon sens naturel et du commerce de tout le beau monde, on s'y fait une manière d'esprit qui, sans comparaison, juge plus finement des choses que tout le savoir enrouillé des pédants.

URANIE.

Il est vrai que, pour peu qu'on y demeure, il vous passe là tous les jours assez de choses devant les yeux pour acquérir quelque habitude de les connoître, et surtout pour ce qui est de la bonne ou mauvaise plaisanterie.

DORANTE.

La cour a quelques ridicules, j'en demeure d'accord ; et je suis, comme on voit, le premier à les fronder : mais, ma foi, il y en a un grand nombre parmi les beaux esprits de profession ; et, si l'on joüe quelques marquis, je trouve qu'il y a bien plus de quoi jouer les auteurs, et que ce seroit une chose plaisante à mettre sur le théâtre, que leurs grimaces savantes et leurs raffinements ridicules, leur vicieuse coutume d'assassiner les gens de leurs ouvrages, leur friandise de louanges, leurs ménagements de pensées, leur trafic de réputation, et leurs ligues offensives et défensives, aussi-bien que leurs guerres d'esprit et leurs combats de prose et de vers.

LYSIDAS.

Molière est bien heureux, monsieur, d'avoir un protecteur aussi chaud que vous. Mais enfin, pour venir au fait, il est question de savoir si sa pièce est bonne ; et je m'offre d'y montrer partout cent défauts visibles.

URANIE.

C'est une étrange chose de vous autres messieurs les poëtes, que vous condamniez toujours les pièces où tout le monde court, et ne disiez jamais du bien que de celles où personne ne va ! Vous montrez pour les unes une haine invincible, et pour les autres une tendresse qui n'est pas concevable.

DORANTE.

C'est qu'il est généreux de se ranger du côté des affligés.

URANIE.

Mais, de grâce, monsieur Lysidas, faites-nous voir ces défauts dont je ne me suis point aperçu.

LYSIDAS.

Ceux qui possèdent Aristote et Horace voient d'abord, madame, que cette comédie pèche contre toutes les règles de l'art.

URANIE.

Je vous avoue que je n'ai aucune habitude avec ces messieurs-là, et que je ne sais point les règles de l'art.

DORANTE.

Vous êtes de plaisantes gens avec vos règles dont vous embarrassez les ignorants et nous étourdissez tous les jours ! Il semble, à vous ouïr parler, que ces règles de l'art soient les plus grands mystères du monde ; et cependant ce ne sont que quelques observations aisées que le bon sens a faites sur ce qui peut ôter le plaisir que l'on prend à ces sortes de poëmes ; et le même bon sens qui a fait autrefois ces observations les fait fort aisément tous les jours sans le secours d'Horace et d'Aristote. Je voudrois bien savoir si la grande règle de toutes les règles n'est pas de plaire, et si une pièce de théâtre qui a attrapé son but n'a pas suivi un bon chemin. Veut-on que tout un public s'abuse sur ces sortes de choses, et que chacun n'y soit pas juge du plaisir qu'il y prend ?

URANIE.

J'ai remarqué une chose de ces messieurs-là, c'est que ceux qui parlent le plus des règles, et qui les savent mieux que les autres, font des comédies que personne ne trouve belles.

DORANTE.

Et c'est ce qui marque, madame, comme on doit s'arrêter peu à leurs disputes embarrassées. Car enfin, si les pièces qui sont selon les règles ne plaisent pas, et que celles qui plaisent ne soient pas selon les règles, il faudroit, de nécessité, que les règles eussent été mal faites. Moquons-nous donc de cette chicane où ils veulent assujétir le goût du public, et ne consultons dans une comédie que l'effet qu'elle fait sur nous. Laissons-nous aller de bonne foi aux choses qui nous prennent par les entrailles, et ne cherchons point de raisonnemens pour nous empêcher d'avoir du plaisir.

URANIE.

Pour moi, quand je vois une comédie, je regarde seulement si les choses me touchent; et, lorsque je me suis bien divertie, je ne vais point demander si j'ai eu tort, et si les règles d'Aristote me défendoient de rire.

DORANTE.

C'est justement comme un homme qui auroit trouvé une sauce excellente, et qui voudroit examiner si elle est bonne, sur les préceptes du *Cuisinier français*.

URANIE.

Il est vrai; et j'admire les raffinemens de certaines gens sur des choses que nous devons sentir nous-mêmes.

DORANTE.

Vous avez raison, madame, de les trouver étranges, tous ces raffinements mystérieux. Car enfin, s'ils ont lieu, nous voilà réduits à ne nous plus croire; nos propres sens seront esclaves en toutes choses; et, jusqu'au manger et au boire, nous n'oserons plus trouver rien de bon sans le congé de messieurs les experts.

LYSIDAS.

Enfin, monsieur, toute votre raison c'est que *l'École des Femmes* a plu; et vous ne vous souciez point qu'elle ne soit pas dans les règles, pourvu...

DORANTE.

Tout beau, monsieur Lysidas; je ne vous accorde pas cela. Je dis bien que le grand art est de plaire, et que, cette comédie ayant plu à ceux pour qui elle est faite, je trouve que c'est assez pour elle, et qu'elle doit peu se soucier du reste. Mais, avec cela, je soutiens qu'elle ne pèche contre aucune des règles dont vous parlez: je les ai lues, Dieu merci, autant qu'un autre, et je ferois voir aisément que peut-être n'avons-nous point de pièce au théâtre plus régulière que celle-là.

ÉLISE.

Courage, monsieur Lysidas! nous sommes perdus si vous reculez.

LYSIDAS.

Quoi! monsieur, la protase, l'épitase, et la péripétie...

DORANTE.

Ah ! monsieur Lysidas, vous nous assommez avec vos grands mots. Ne paroissez point si savant, de grâce ; humanisez votre discours, et parlez pour être entendu. Pensez-vous qu'un nom grec donne plus de poids à vos raisons ? Et ne trouveriez-vous pas qu'il fût aussi beau de dire l'exposition du sujet que la protase ; le nœud, que l'épitase ; et le dénoûment, que la péripétie ?

LYSIDAS.

Ce sont termes de l'art dont il est permis de se servir. Mais, puisque ces mots blessent vos oreilles, je m'expliquerai d'une autre façon, et je vous prie de répondre positivement à trois ou quatre choses que je vais dire. Peut-on souffrir une pièce qui pèche contre le nom propre des pièces de théâtre ? Car enfin le nom de poëme dramatique vient d'un mot grec qui signifie *agir*, pour montrer que la nature de ce poëme consiste dans l'action ; et dans cette comédie-ci, il ne se passe point d'actions, et tout consiste en des récits que vient faire ou Agnès ou Horace.

LE MARQUIS.

Ah ! ah ! chevalier.

CLIMÈNE.

Voilà qui est spirituellement remarqué, et c'est prendre le fin des choses.

LYSIDAS.

Est-il rien de si peu spirituel, ou, pour mieux dire, rien de si bas, que quelques mots où tout le monde rit, et surtout celui *des enfants par l'oreille ?*

CLIMÈNE.

Fort bien.

ÉLISE.

Ah !

LYSIDAS.

La scène du valet et de la servante au-dedans de la maison n'est-elle pas d'une longueur ennuyeuse et tout-à-fait impertinente ?

LE MARQUIS.

Cela est vrai.

CLIMÈNE.

Assurément.

ÉLISE.

Il a raison.

LYSIDAS.

Arnolphe ne donne-t-il pas trop librement son argent à Horace ? Et puisque c'est le personnage ridicule de la pièce, falloit-il lui faire faire l'action d'un honnête homme ?

LE MARQUIS.

Bon. La remarque est encore bonne.

CLIMÈNE.

Admirable.

ÉLISE.

Merveilleuse.

LYSIDAS.

Le sermon et les maximes ne sont-elles pas des choses ridicules, et qui choquent même le respect que l'on doit à nos mystères ?

LE MARQUIS.

C'est bien dit.

CLIMÈNE.

Voilà parler comme il faut.

ÉLISE.

Il ne se peut rien de mieux.

LYSIDAS.

Et ce monsieur de La Souche enfin qu'on nous fait un homme d'esprit, et qui paroît si sérieux en tant d'endroits, ne descend-il point dans quelque chose de trop comique et de trop outré au cinquième acte, lorsqu'il explique à Agnès la violence de son amour avec ces roulements d'yeux extravagants, ces soupirs ridicules, et ces larmes niaises qui font rire tout le monde ?

LE MARQUIS.

Morbleu ! merveille !

CLIMÈNE.

Miracle !

ÉLISE.

Vivat monsieur Lysidas !

LYSIDAS.

Je laisse cent mille autres choses, de peur d'être ennuyeux.

LE MARQUIS.

Parbleu, chevalier, te voilà mal ajusté.

DORANTE.

Il faut voir.

LE MARQUIS.

Tu as trouvé ton homme.

DORANTE.

Peut-être.

LE MARQUIS.

Réponds, réponds, réponds, réponds.

DORANTE.

Volontiers. Il...

LE MARQUIS.

Réponds donc, je te prie.

DORANTE.

Laisse-moi donc faire. Si...

LE MARQUIS.

Parbleu ! je te défie de répondre.

DORANTE.

Oui, si tu parles toujours.

CLIMÈNE.

De grâce, écoutons ses raisons.

DORANTE.

Premièrement, il n'est pas vrai de dire que toute la pièce n'est qu'en récits. On y voit beaucoup d'actions qui se passent sur la scène : et les récits eux-mêmes y sont des actions, suivant la constitution du sujet ; d'autant qu'ils sont tous faits innocemment, ces récits, à la personne intéressée, qui, par-là, entre à tous coups dans une confusion à réjouir les spectateurs, et prend, à chaque nouvelle, toutes les mesures qu'il peut pour se parer du malheur qu'il craint.

URANIE.

Pour moi, je trouve que la beauté du sujet de l'École des Femmes consiste dans cette confidence perpétuelle ; et ce qui me paroît assez plaisant, c'est qu'un homme qui a de l'esprit, et qui est averti de tout par une innocente qui est sa maîtresse, et par un étourdi qui est son rival, ne puisse avec cela éviter ce qui lui arrive.

LE MARQUIS.

Bagatelle, bagatelle.

CLIMÈNE.

Foible réponse.

ÉLISE.

Mauvaises raisons.

DORANTE.

Pour ce qui est des *enfants par l'oreille*, ils ne sont plaisants que par réflexion à Arnolphe; et l'auteur n'a pas mis cela pour être de soi un bon mot, mais seulement pour une chose qui caractérise l'homme, et peint d'autant mieux son extravagance, puisqu'il rapporte une sottise triviale qu'a dite Agnès, comme la chose la plus belle du monde et qui lui donne une joie inconcevable.

LE MARQUIS.

C'est mal répondre.

CLIMÈNE.

Cela ne satisfait point.

ÉLISE.

C'est ne rien dire.

DORANTE.

Quant à l'argent qu'il donne librement, outre que la lettre de son meilleur ami lui est une caution suffisante, il n'est pas incompatible qu'une personne soit ridicule en de certaines choses et honnête homme en d'autres. Et, pour la scène d'Alain et de Georgette dans le logis, que quelques-uns ont trouvée longue et froide, il est certain qu'elle n'est pas sans raison ; et de même qu'Arnolphe se trouve attrapé pendant son voyage par la pure innocence de sa maîtresse, il demeure au retour long-temps à sa porte par l'innocence de ses valets, afin qu'il soit partout puni par les choses qu'il a cru faire la sûreté de ses précautions.

LE MARQUIS.

Voilà des raisons qui ne valent rien.

CLIMÈNE.

Tout cela ne fait que blanchir.

ÉLISE.

Cela fait pitié.

DORANTE.

Pour le discours moral que vous appelez un sermon, il est certain que de vrais dévots qui l'ont ouï n'ont pas trouvé qu'il choquât ce que vous dites ; et sans doute que ces paroles d'*enfer* et de *chaudières bouillantes* sont assez justifiées par l'extravagance d'Arnolphe et par l'innocence de celle à qui il parle. Et quant au transport amoureux du cinquième acte, qu'on accuse d'être trop outré et trop comique, je voudrois bien savoir si ce n'est pas faire la satire des amants, et si les honnêtes gens mêmes et les plus sérieux, en de pareilles occasions, ne font pas des choses...

LE MARQUIS.

Ma foi, chevalier, tu ferois mieux de te taire.

DORANTE.

Fort bien. Mais enfin, si nous nous regardions nous-mêmes quand nous sommes bien amoureux...

LE MARQUIS.

Je ne veux pas seulement t'écouter.

DORANTE.

Écoute-moi si tu veux. Est-ce que dans la violence de la passion...?

LE MARQUIS.

La, la, la, la, lare, la, la, la, la, la.
(Il chante.)

DORANTE.

Quoi...!

LE MARQUIS.

La, la, la, lare, la, la, la, la, la, la.

DORANTE.

Je ne sais pas si...

LE MARQUIS.

La, la, la, la, lare, la, la, la, la, la.

URANIE.

Il me semble que...

LE MARQUIS.

La, la, la, lare, la, la, la, la, la, la, la, la, la.

URANIE.

Il se passe des choses assez plaisantes dans notre dispute. Je trouve qu'on en pourroit bien faire une petite comédie, et que cela ne seroit pas trop mal à la queue de *l'École des Femmes*.

DORANTE.

Vous avez raison.

LE MARQUIS.

Parbleu! chevalier, tu jouerois là-dedans un rôle qui ne te seroit pas avantageux.

DORANTE.

Il est vrai, marquis.

CLIMÈNE.

Pour moi, je souhaiterois que cela se fît, pourvu qu'on traitât l'affaire comme elle s'est passée.

ÉLISE.

Et moi, je fournirois de bon cœur mon personnage.

LYSIDAS.

Je ne refuserois pas le mien, que je pense.

URANIE.

Puisque chacun en seroit content, chevalier, faites un mémoire de tout, et le donnez à Molière, que vous connoissez, pour le mettre en comédie.

CLIMÈNE.

Il n'auroit garde, sans doute, et ce ne seroit pas des vers à sa louange.

URANIE.

Point, point : je connois son humeur ; il ne se soucie pas qu'on fronde ses pièces, pourvu qu'il y vienne du monde.

DORANTE.

Oui. Mais quel dénoûment pourroit-il trouver à ceci? car il ne sauroit y avoir ni mariage, ni reconnoissance, et je ne sais point par où l'on pourroit faire finir la dispute.

URANIE.

Il faudroit rêver à quelque incident pour cela.

SCÈNE VIII.

CLIMÈNE, URANIE, ÉLISE, DORANTE, LE MARQUIS, LYSIDAS, GALOPIN.

GALOPIN.

Madame, on a servi sur table.

DORANTE.

Ah! voilà justement ce qu'il faut pour le dénoûment que nous cherchions, et l'on ne peut rien trouver de plus naturel. On disputera fort et ferme de part et d'autre, comme nous avons fait, sans que personne se rende; un petit laquais viendra dire qu'on a servi, on se lèvera, et chacun ira souper.

URANIE.

La comédie ne peut pas mieux finir, et nous ferons bien d'en demeurer là.

FIN DE LA CRITIQUE DE L'ÉCOLE DES FEMMES.

RÉFLEXIONS
SUR
LA CRITIQUE
DE
L'ÉCOLE DES FEMMES.

Molière, dans cette piéce, ne se borna pas à humilier ses ennemis : il présenta sous les traits les plus vrais et les plus comiques les sociétés qui existoient alors, et donna l'esquisse de quelques caractères qu'il approfondit par la suite. C'est une chose admirable que, dans une simple défense qui devoit peu intéresser le public, l'auteur ait pu faire entrer tant de scènes agréables, et que, sans nœud, sans intrigue, il soit parvenu à composer une piéce qu'on verroit encore avec plaisir si elle étoit remise au théâtre. Ce n'est point l'apologie de L'École des Femmes qu'on y cherche; l'agrément de cette comédie n'est plus contesté. Mais le lecteur, qui aime à suivre les progrès d'un homme de génie, remarque dans cette critique les germes de plusieurs conceptions que Molière méditoit alors, et qu'il fit entrer dans ses chefs-d'œuvre.

Les gens trop scrupuleux, et principalement les hypocrites, avoient trouvé de l'indécence dans le sermon d'Arnolphe : les derniers soûtenoient que l'auteur, en parlant des *chaudières bouillantes*, avoit voulu tourner en ridicule les peines de l'enfer. Ce fut la première dispute que Molière eut avec les faux dévots ; il leur répondit parfaitement dans cette pièce ; mais ils étoient loin de s'attendre qu'il leur préparoit la comédie foudroyante du TARTUFE. Il paroît en effet qu'il s'en occupa dès cette époque.

Les dames de l'hôtel de Rambouillet, qui avoient souffert assez patiemment LES PRÉCIEUSES RIDICULES, parce que l'auteur avoit eu l'adresse de leur faire croire qu'il n'avoit voulu attaquer que les sociétés de province, s'étoient récriées contre quelques passages de L'ÉCOLE DES FEMMES. Les naïvetés d'Agnès les avoient choquées : et leur imagination travaillant sur des expressions qui offroient à la vérité plus d'un sens, elles y avoient trouvé la plus horrible indécence. Molière, qui ne pouvoit les souffrir, entrevit le parti qu'il étoit possible de tirer de leur pruderie et de leur prétendue spiritualité. Dès-lors il résolut de compléter le tableau de l'hôtel de Rambouillet, qui n'étoit qu'esquissé dans LES PRÉCIEUSES, et de mettre sur le théâtre l'abus du purisme et du néologisme que ces dames portoient très-loin.

Climène offre la première idée du rôle de Philaminte dans la comédie des FEMMES SAVANTES : même enthousiasme pour un mauvais poëte, même aversion pour ce qui tient aux idées généralement reçues, même affectation de déprimer tout ce qui n'est pas pointes ou jeux de mots.

On trouve aussi dans cette pièce le croquis de la prude Arsinoé du Misanthrope. Une femme cherche ridiculement ce qui peut blesser la pudeur dans la comédie qu'elle critique ; elle le commente, et paroît prendre plaisir à donner les explications les plus singulières. Cependant elle frémit de tant d'indécence ; et l'un des personnages, fatigué de toutes ces grimaces, lui fait observer qu'on dit d'elle *que ses oreilles sont plus chastes que tout le reste de son corps.* N'est-ce pas la même idée que Célimène exprime dans le Misanthrope ?

  Elle fait des tableaux couvrir les nudités :
  Mais elle a du penchant pour les réalités.

Molière, dans cette comédie du premier ordre, n'osa pas exprimer la fausse délicatesse de certaines femmes qui trouvoient la langue indécente parce que quelques syllabes auroient pu l'être si on les eût isolées. Il transporta cette idée comique dans la Comtesse d'Escarbagnas (*). On observe qu'il l'avoit indiquée dans la Critique de l'École des Femmes : *le scrupule de cette dame,* dit un homme raisonnable, *va jusqu'à défigurer la langue ; il n'y a point de mots dont*

(*) Cette idée est aussi développée, mais d'une manière plus décente, dans les Femmes savantes. Philaminte dit qu'elles ont :

  Un dessein plein de gloire, et qui sera vanté
  Chez tous les beaux esprits de la postérité ;
  C'est le retranchement de ces syllabes sales
  Qui dans les plus beaux mots produisent des scandales.

sa sévérité ne veuille retrancher ou la tête ou la queue pour les syllabes déshonnêtes qu'elle y trouve.

L'auteur, de son vivant, ne fut bien apprécié qu'à la cour; aussi, dans LES FEMMES SAVANTES, il peignit l'homme aimable dans le personnage du courtisan Clitandre. LA CRITIQUE DE L'ÉCOLE DES FEMMES présente l'esquisse de ce rôle. Dorante s'emporte contre le pédant Lysidas sur ce qu'il a l'air de mépriser les suffrages de la cour : « Il n'y
» a point de lieu, dit-il, où les décisions soient
» si justes; et sans mettre en ligne de compte
» tous les gens savants qui y sont, du simple bon
» sens naturel et du commerce de tout le beau
» monde, on s'y fait une manière d'esprit qui,
» sans comparaison, juge plus finement des choses
» que tout le savoir enrouillé des pédants. » Clitandre, dans LES FEMMES SAVANTES, développe cette idée en attaquant Trissotin.

Vous en voulez beaucoup à cette pauvre cour, etc.

Les précieuses cherchoient toujours à faire l'analyse de leurs sentiments; et ces subtilités produisoient un jargon souvent inintelligible. On parloit beaucoup de la différence de l'esprit et du cœur; et cette distinction frivole, qu'on retrouve souvent dans les écrivains du dix-huitième siècle, est ici attaquée par Molière. « Je ne voudrois pas, dit
» une précieuse, que Dorante fît mal sa cour à ma-
» dame votre cousine, et je permets à son *esprit*
» d'être du parti de son *cœur*. »

Ces dames étoient fort empressées d'accueillir

les nouveaux mots, et surtout ceux qui s'accordoient avec leurs idées : leur prétention à la pudeur rendit très-facile l'admission du mot *obscénité*; elles le répétoient chaque fois que leur délicatesse étoit blessée ; et cela arrivoit souvent. Le désir qu'elles avoient de conserver le bon ton, et de ne pas descendre à des sociétés indignes d'elles, les rendit aussi indulgentes pour le mot *encanailler*, qui commençoit alors à se répandre. Ces deux mots, dout Molière se moque, sont restés dans notre langue.

Cette pièce, comme on le voit, est un tableau très-piquant de quelques sociétés du dix-septième siècle. On y trouve la critique de l'espèce de plaisanteries qui étoient à la mode. C'étoient des *turlupinades*, expression qui vient du nom de l'inventeur de ces sottises, *Turlupin*, acteur du théâtre de Bourgogne. Ce farceur, ainsi qu'on en a vu dans tous les temps, jouoit sans cesse sur les mots ; et la meilleure compagnie prenoit plaisir à l'entendre. Ses pointes étoient répétées dans la société, où il ne manquoit pas d'imitateurs. On disoit à une dame qui demeuroit à la Place-Royale, *qu'on la voyoit de bon œil*, parce que de Bonneuil, village voisin de Paris, on apercevoit cette place. Les *turlupinades* étoient ce que nous appelons des *calembourgs*. Nous en faisons peut-être autant de cas que du temps de Molière, et nous nous excusons de même qu'alors, en disant que ce sont des sottises dont nous sentons le ridicule. *Tant pis pour vous*, répondroit Molière, comme il le fait dire dans sa pièce, *tant pis de prendre peine à dire des sottises, et d'être mauvais plaisants de dessein formé.*

On s'étonnera peut-être de trouver dans cette pièce une tirade contre la tragédie, où elle est réduite à *se guinder sur de grands sentiments, à braver en vers la fortune, et à dire des injures aux dieux.* Sans doute Molière ne pensoit pas ainsi. Mais il faut remarquer que Racine n'avoit encore rien donné, et que, comme il a été dit dans la vie de Molière, Corneille s'étoit mis au nombre des détracteurs de l'École des Femmes. L'auteur voulut se venger ; et l'on sait que la vengeance est toujours aveugle.

Il n'est pas probable que Molière ait eu d'abord le projet de peindre le poëte Boursault dans le rôle de Lysidas : il connoissoit et apprécioit son mérite. Mais les comédiens de l'hôtel de Bourgogne, voulant lui faire un ennemi de plus, persuadèrent à Boursault que c'étoit lui qu'on avoit joué : il répliqua par une satire ; Molière s'oublia jusqu'à le nommer sur la scène ; et ces deux hommes, dignes de s'estimer, furent irréconciliables. On doit observer que ce rôle de Lysidas n'est nullement chargé : ce poëte affecte beaucoup de mesure ; et ses arguments contre l'École des Femmes ont quelque chose de spécieux. Les successeurs de Molière qui ont peint des poëtes n'ont pas imité sa retenue ; ils n'ont présenté que des caricatures.

Un original plus singulier est peint dans cette

pièce : mais on n'a pas sur lui la même incertitude que sur Boursault. Plapisson, ayant beaucoup de prétention à la philosophie, livré à la société où Molière étoit mal vu, s'emporta contre le succès de L'École des Femmes. Il alloit sur le théâtre avec l'air le plus sombre : tout ce qui égayoit le parterre l'attristoit. A tous les éclats de rire il haussoit les épaules, et regardoit le public avec mépris : *Ris donc, parterre*, disoit-il tout haut, *ris donc !*

Des hommes plus importants se déclarèrent contre la pièce : on remarque parmi eux le commandeur de Souvray et le vicomte du Broussin : ce dernier sortit un jour au second acte, en criant qu'il ne concevoit pas comment on pouvoit avoir la patience d'aller jusqu'au bout. Boileau fit allusion à cette folie dans sa septième épître :

> Le commandeur vouloit la scène plus exacte;
> Le vicomte indigné sortoit au second acte.

Molière n'osa parler dans sa comédie de la conduite de ces deux seigneurs.

La Critique de l'École des Femmes est la première comédie qui n'ait pour objet que la défense d'une autre pièce. Elle est une de celles où Molière a le mieux peint les petits ridicules de la société. Quelques auteurs ont voulu travailler dans le même genre, aucun n'a réussi.

L'IMPROMPTU
DE VERSAILLES,
COMÉDIE
EN UN ACTE ET EN PROSE,

Représentée à Versailles le 14 octobre 1663 ; et à Paris, sur le théâtre du Palais-Royal, le 4 novembre de la même année.

REMERCIMENT AU ROI.

Votre paresse enfin me scandalise :
    Ma muse, obéissez-moi :
  Il faut ce matin, sans remise,
     Aller au lever du roi :
      Vous savez bien pourquoi ;
    Et ce vous est une honte
   De n'avoir pas été plus prompte
A le remercier de ses fameux bienfaits.
    Mais il vaut mieux tard que jamais :
     Faites donc votre compte
D'aller au Louvre accomplir mes souhaits.
Gardez-vous bien d'être en muse bâtie ;
Un air de muse est choquant dans ces lieux :
On y veut des objets à réjouir les yeux ;
    Vous en devez être avertie ;
Et vous ferez votre cour beaucoup mieux
Lorsqu'en marquis vous serez travestie.
Vous savez ce qu'il faut pour paroître marquis ;
N'oubliez rien de l'air ni des habits ;
Arborez un chapeau chargé de trente plumes
    Sur une perruque de prix ;
Que le rabat soit des plus grands volumes,
  Et le pourpoint des plus petits :
  Mais surtout je vous recommande
Le manteau d'un ruban sur le dos retroussé,
   La galanterie en est grande ;
Et parmi les marquis de la plus haute bande
    C'est pour être placé.
   Avec vos brillantes hardes
    Et votre ajustement,
Faites tout le trajet de la salle des gardes :

Et, vous peignant galamment,
Portez de tous côtés vos regards brusquement ;
Et ceux que vous pourrez connoître,
Ne manquez pas d'un haut ton,
De les saluer par leur nom,
De quelque rang qu'ils puissent être.
Cette familiarité
Donne à quiconque en use un air de qualité.
Grattez du peigne à la porte
De la chambre du roi ;
Ou si, comme je prévoi,
La presse s'y trouve forte,
Montrez de loin votre chapeau,
Ou montez sur quelque chose
Pour faire voir votre museau ;
Et criez, sans aucune pause,
D'un ton rien moins que naturel :
Monsieur l'huissier, pour le marquis un tel.
Jetez-vous dans la foule, et tranchez du notable ;
Coudoyez un chacun, point du tout de quartier.
Pressez, poussez, faites le diable
Pour vous mettre le premier ;
Et quand même l'huissier,
A vos désirs inexorable,
Vous trouveroit en face un marquis repoussable,
Ne démordez point pour cela,
Tenez toujours ferme là :
A déboucher la porte il iroit trop du vôtre ;
Faites qu'aucun n'y puisse pénétrer,
Et qu'on soit obligé de vous laisser entrer
Pour faire entrer quelque autre.
Quand vous serez entré, ne vous relâchez pas ;
Pour assiéger la chaise il faut d'autres combats :
Tâchez d'en être des plus proches,
En y gagnant le terrain pas à pas ;
Et, si des assiégeants le prévenant amas
En bouche toutes les approches,

REMERCIMENT AU ROI.

    Prenez le parti doucement
    D'attendre le prince au passage,
    Il connoîtra votre visage
    Malgré votre déguisement ;
    Et lors, sans tarder davantage,
    Faites-lui votre compliment.
    Vous pourriez aisément l'étendre,
Et parler des transports qu'en vous font éclater
Les surprenants bienfaits que, sans les mériter,
Sa libérale main sur vous daigne répandre,
Et les nouveaux efforts où s'en va vous porter
L'excès de cet honneur où vous n'osiez prétendre:
    Lui dire comme vos désirs
Sont, après ses bontés qui n'ont point de pareilles,
D'employer à sa gloire, ainsi qu'à ses plaisirs,
    Tout votre art et toutes vos veilles,
    Et là-dessus lui promettre merveilles.
    Sur ce chapitre on n'est jamais à sec :
    Les muses sont de grandes prometteuses ;
    Et, comme vos sœurs les causeuses,
Vous ne manquerez pas, sans doute, par le bec.
    Mais les grands princes n'aiment guères
    Que les compliments qui sont courts ;
Et le nôtre surtout a bien d'autres affaires
    Que d'écouter tous vos discours.
La louange et l'encens n'est pas ce qui le touche :
    Dès que vous ouvrirez la bouche
Pour lui parler de grâce et de bienfait,
Il comprendra d'abord ce que vous voulez dire :
    Et, se mettant doucement à sourire
D'un air qui sur les cœurs fait un charmant effet,
    Il passera comme un trait,
    Et cela vous doit suffire.
    Voilà votre compliment fait.

PERSONNAGES.

MOLIÈRE, marquis ridicule.
BRÉCOURT, homme de qualité.
LA GRANGE, marquis ridicule.
DU CROISY, poëte.
Mademoiselle DU PARC, marquise façonnière.
Mademoiselle BÉJART, prude.
Mademoiselle DE BRIE, sage coquette.
Mademoiselle MOLIÈRE, satirique spirituelle.
Mademoiselle DU CROISY, peste doucereuse.
Mademoiselle HERVÉ, servante précieuse.
LA THORILLIÈRE, marquis fâcheux.
BÉJART, homme qui fait le nécessaire.
QUATRE NÉCESSAIRES.

La scène est à Versailles, dans l'antichambre du Roi.

L'IMPROMTU DE VERSAILLES.

SCÈNE I.

MOLIÈRE, BRÉCOURT, LA GRANGE, DU CROISY, MES DEMOISELLES DU PARC, BÉJART, DE BRIE, MOLIÈRE, DU CROISY, HERVÉ.

MOLIÈRE, seul, parlant à ses camarades qui sont derrière le théâtre.

Allons donc, messieurs et mesdames, vous moquez-vous avec votre longueur? et ne voulez-vous pas tous venir ici? La peste soit des gens! Holà, ho, monsieur de Brécourt.

BRÉCOURT, derrière le théâtre.

Quoi?

MOLIÈRE.

Monsieur de La Grange.

LA GRANGE, derrière le théâtre.

Qu'est-ce?

MOLIÈRE.

Monsieur du Croisy.

DU CROISY, derrière le théâtre.

Plaît-il?

MOLIÈRE.

Mademoiselle du Parc.

MADEMOISELLE DU PARC, *derrière le théâtre.*

Hé bien ?

MOLIÈRE.

Mademoiselle Béjart.

MADEMOISELLE BÉJART, *derrière le théâtre.*

Qu'y a-t-il ?

MOLIÈRE.

Mademoiselle de Brie.

MADEMOISELLE DE BRIE, *derrière le théâtre.*

Que veut-on ?

MOLIÈRE.

Mademoiselle du Croisy.

MADEMOISELLE DU CROISY, *derrière le théâtre.*

Qu'est-ce que c'est ?

MOLIÈRE.

Mademoiselle Hervé.

MADEMOISELLE HERVÉ, *derrière le théâtre.*

On y va.

MOLIÈRE.

Je crois que je deviendrai fou avec tous ces gens-ci. Hé !

(*Brécourt, La Grange, du Croisy, entrent.*)

Têtebleu ! messieurs, me voulez-vous faire enrager aujourd'hui ?

BRÉCOURT.

Que voulez-vous qu'on fasse ? Nous ne savons pas nos rôles ? et c'est nous faire enrager vous-même que de nous obliger à jouer de la sorte.

MOLIÈRE.

Ah ! les étranges animaux à conduire que des comédiens !

SCÈNE I.

(Mesdemoiselles Béjart, du Parc, de Brie, Molière, du Croisy et Hervé, arrivent.)

MADEMOISELLE BÉJART.

Hé bien ! nous voilà. Que prétendez-vous faire ?

MADEMOISELLE DU PARC.

Quelle est votre pensée ?

MADEMOISELLE DE BRIE.

De quoi est-il question ?

MOLIÈRE.

De grâce, mettons-nous ici ; et puisque nous voilà tous habillés, et que le roi ne doit venir de deux heures, employons ce temps à répéter notre affaire, et voir la manière dont il faut jouer les choses.

LA GRANGE.

Le moyen de jouer ce qu'on ne sait pas ?

MADEMOISELLE DU PARC.

Pour moi, je vous déclare que je ne me souviens pas d'un mot de mon personnage.

MADEMOISELLE DE BRIE.

Je sais bien qu'il me faudra souffler le mien d'un bout à l'autre.

MADEMOISELLE BÉJART.

Et moi, je me prépare fort à tenir mon rôle à la main.

MADEMOISELLE MOLIÈRE.

Et moi aussi.

MADEMOISELLE HERVÉ.

Pour moi, je n'ai pas grand'chose à dire.

MADEMOISELLE DU CROISY.

Ni moi non plus ; mais, avec cela, je ne répondrois pas de ne point manquer.

DU CROISY.

J'en voudrois être quitte pour dix pistoles.

BRÉCOURT.

Et moi, pour vingt bons coups de fouet, je vous assure.

MOLIÈRE.

Vous voilà tous bien malades d'avoir un méchant rôle à jouer! Et que feriez-vous donc si vous étiez à ma place?

MADEMOISELLE BÉJART.

Qui? vous? Vous n'êtes pas à plaindre; car ayant fait la pièce, vous n'avez pas peur d'y manquer.

MOLIÈRE.

Et n'ai-je à craindre que le manquement de mémoire! Ne comptez-vous pour rien l'inquiétude d'un succès qui ne regarde que moi seul? Et pensez-vous que ce soit une petite affaire que d'exposer quelque chose de comique devant une assemblée comme celle-ci, que d'entreprendre de faire rire des personnes qui nous impriment le respect, et ne rient que quand elles veulent? Est-il auteur qui ne doive trembler lorsqu'il en vient à cette épreuve? Et n'est-ce pas à moi de dire que je voudrois en être quitte pour toutes les choses du monde?

MADEMOISELLE BÉJART.

Si cela vous faisoit trembler, vous prendriez mieux vos précautions, et n'auriez pas entrepris en huit jours ce que vous avez fait.

MOLIÈRE.

Le moyen de m'en défendre quand un roi me l'a commandé?

SCÈNE I.

MADEMOISELLE BÉJART.

Le moyen? une respectueuse excuse fondée sur l'impossibilité de la chose dans le peu de temps qu'on vous donne ; et tout autre à votre place ménageroit mieux sa réputation, et se seroit bien gardé de se commettre comme vous faites. Où en serez-vous, je vous prie, si l'affaire réussit mal? et quel avantage pensez-vous qu'en prendront tous vos ennemis ?

MADEMOISELLE DE BRIE.

En effet, il falloit s'excuser avec respect envers le roi, ou demander du temps davantage.

MOLIÈRE.

Mon Dieu, mademoiselle, les rois n'aiment rien tant qu'une prompte obéissance, et ne se plaisent point du tout à trouver des obstacles. Les choses ne sont bonnes que dans le temps qu'ils les souhaitent ; et leur en vouloir reculer le divertissement, est en ôter pour eux toute la grâce. Ils veulent des plaisirs qui ne se fassent point attendre, et les moins préparés leur sont toujours les plus agréables. Nous ne devons jamais nous regarder dans ce qu'ils désirent de nous ; nous ne sommes que pour leur plaire ; et lorsqu'ils nous ordonnent quelque chose, c'est à nous à profiter vite de l'envie où ils sont. Il vaut mieux s'acquitter mal de ce qu'ils nous demandent, que de ne s'en acquitter pas assez tôt ; et, si l'on a la honte de n'avoir pas bien réussi, on a toujours la gloire d'avoir obéi vite à leurs commandements. Mais songeons à répéter, s'il vous plaît.

MADEMOISELLE BÉJART.

Comment prétendez-vous que nous fassions, si nous ne savons pas nos rôles ?

MOLIÈRE.

Vous les saurez, vous dis-je, et, quand même vous ne les sauriez pas tout-à-fait, pouvez-vous pas y suppléer de votre esprit, puisque c'est de la prose, et que vous savez votre sujet ?

MADEMOISELLE BÉJART.

Je suis votre servante : la prose est pis encore que les vers.

MADEMOISELLE MOLIÈRE.

Voulez-vous que je vous dise ? vous deviez faire une comédie où vous auriez joué tout seul.

MOLIÈRE.

Taisez-vous, ma femme, vous êtes une bête.

MADEMOISELLE MOLIÈRE.

Grand merci, monsieur mon mari. Voilà ce que c'est ! le mariage change bien les gens ; et vous ne m'auriez pas dit cela il y a dix-huit mois.

MOLIÈRE.

Taisez-vous, je vous prie.

MADEMOISELLE MOLIÈRE.

C'est une chose étrange, qu'une petite cérémonie soit capable de nous ôter toutes nos belles qualités, et qu'un mari et un galant regardent la même personne avec des yeux si différents !

SCÈNE I.

MOLIÈRE.

Que de discours!

MADEMOISELLE MOLIÈRE.

Ma foi, si je faisois une comédie, je la ferois sur ce sujet. Je justifierois les femmes de bien des choses dont on les accuse; et je ferois craindre aux maris la différence qu'il y a de leurs manières brusques aux civilités des galants.

MOLIÈRE.

Ah! laissons cela. Il n'est pas question de causer maintenant, nous avons autre chose à faire.

MADEMOISELLE BÉJART.

Mais, puisqu'on vous a commandé de travailler sur le sujet de la critique qu'on a faite contre vous, que n'avez-vous fait cette comédie des comédiens dont vous nous avez parlé il y a long-temps? C'étoit une affaire toute trouvée, et qui venoit fort bien à la chose; et d'autant mieux, qu'ayant entrepris de vous peindre, ils vous ouvroient l'occasion de les peindre aussi, et que cela auroit pu s'appeler leur portrait, à bien plus juste titre que tout ce qu'ils ont fait ne peut être appelé le vôtre : car vouloir contrefaire un comédien dans un rôle comique, ce n'est pas le peindre lui-même, c'est peindre d'après lui les personnages qu'il représente, et se servir des mêmes traits et des mêmes couleurs qu'il est obligé d'employer aux différents tableaux des caractères ridicules qu'il imite d'après nature; mais contrefaire un comédien dans des rôles sérieux, c'est le peindre par des défauts qui sont entièrement de lui, puisque ces sortes de personnages ne veulent ni les gestes ni les tons de voix ridicules dans lesquels on le reconnoît.

MOLIÈRE.

Il est vrai : mais j'ai mes raisons pour ne le pas faire ; et je n'ai pas cru, entre nous, que la chose en valût la peine. Et puis, il falloit plus de temps pour exécuter cette idée. Comme leurs jours de comédie sont les mêmes que les nôtres, à peine ai-je été les voir trois ou quatre fois depuis que nous sommes à Paris : je n'ai attrapé de leur manière de réciter que ce qui m'a d'abord sauté aux yeux ; et j'aurois eu besoin de les étudier davantage pour faire des portraits bien ressemblants.

MADEMOISELLE DU PARC.

Pour moi, j'en ai reconnu quelques-uns dans votre bouche.

MADEMOISELLE DE BRIE.

Je n'ai jamais ouï parler de cela.

MOLIÈRE.

C'est une idée qui m'avoit passé une fois par la tête, et que j'ai laissée là comme une bagatelle, une badinerie, qui peut-être n'auroit pas fait rire.

MADEMOISELLE DE BRIE.

Dites-la-moi un peu, puisque vous l'avez dite aux autres.

MOLIÈRE.

Nous n'avons pas le temps maintenant.

SCÈNE I.

MADEMOISELLE DE BRIE.

Seulement deux mots.

MOLIÈRE.

J'avois songé une comédie où il y auroit eu un poëte que j'aurois représenté moi-même, qui seroit venu pour offrir une pièce à une troupe de comédiens nouvellement arrivés de campagne. Avez-vous, auroit-il dit, des acteurs et des actrices qui soient capables de bien faire valoir un ouvrage? car ma pièce est une pièce... Hé! monsieur, auroient répondu les comédiens, nous avons des hommes et des femmes qui ont été trouvés raisonnables partout où nous avons passé. Et qui fait les rois parmi vous? Voilà un acteur qui s'en démêle parfois. Qui? ce jeune homme bien fait? Vous moquez-vous? il faut un roi qui soit gros et gras comme quatre; un roi, morbleu! qui soit entripaillé comme il faut, un roi d'une vaste circonférence, et qui puisse remplir un trône de la belle manière. La belle chose qu'un roi d'une taille galante! Voilà déjà un grand défaut. Mais que je l'entende un peu réciter une douzaine de vers. Là-dessus le comédien auroit récité, par exemple, quelques vers du roi de *Nicomède*,

> Te le dirai-je, Araspe? il m'a trop bien servi,
> Augmentant mon pouvoir...

le plus naturellement qu'il lui auroit été possible. Et le poëte : Comment! vous appelez cela réciter? C'est se railler; il faut dire les choses avec emphase. Écoutez-moi.

(Il contrefait Montfleury comédien de l'hôtel de Bourgogne.)
Te le dirai-je, Araspe...? etc.

Voyez-vous cette posture ? Remarquez bien cela. Là, appuyez comme il faut le dernier vers. Voilà ce qui attire l'approbation et fait faire le brouhaha. Mais, monsieur, auroit répondu le comédien, il me semble qu'un roi qui s'entretient tout seul avec son capitaine des gardes parle un peu plus humainement, et ne prend guère ce ton démoniaque. Vous ne savez ce que c'est : allez-vous-en réciter comme vous faites, vous verrez si vous ferez faire aucun ah ! Voyons un peu une scène d'amant et d'amante. Là-dessus une comédienne et un comédien auroient fait une scène ensemble, qui est celle de Camille et de Curiace,

Iras-tu, ma chère âme ? et ce funeste honneur
Te plaît-il aux dépens de tout notre bonheur ?
Hélas! je vois trop bien..., etc.

tout de même que l'autre, et le plus naturellement qu'ils auroient pu. Et le poëte aussitôt : Vous vous moquez, vous ne faites rien qui vaille ; et voici comme il faut réciter cela.

(Il imite mademoiselle de Beauchâteau, comédienne de l'hôtel de Bourgogne.)

Iras-tu, ma chère âme....
Non, je te connois mieux..., etc.

Voyez-vous comme cela est naturel et passionné. Admirez ce visage riant qu'elle conserve dans les plus grandes afflictions. Enfin voilà l'idée. Et il auroit parcouru de même tous les acteurs et toutes les actrices.

SCÈNE I.

MADEMOISELLE DE BRIE.

Je trouve cette idée assez plaisante, et j'en ai reconnu là dès le premier vers. Continuez, je vous prie.

MOLIÈRE, *imitant Beauchâteau, comédien de l'hôtel de Bourgogne, dans les stances du Cid.*

Percé jusques au fond du cœur, etc.

Et celui-ci le reconnoîtrez-vous bien, dans Pompée de Sertorius ?

(Il contrefait Hauteroche, comédien de l'hôtel de Bourgogne.)

L'inimitié qui règne entre les deux partis
N'y rend pas de l'honneur, etc.

MADEMOISELLE DE BRIE.

Je le reconnois un peu, je pense.

MOLIÈRE.

Et celui-ci ?

(Imitant de Villiers, comédien de l'hôtel de Bourgogne.)

Seigneur, Polybe est mort, etc.

MADEMOISELLE DE BRIE.

Oui, je sais qui c'est. Mais il y en a quelques-uns d'entre eux, je crois que vous auriez peine à contrefaire.

MOLIÈRE.

Mon Dieu ! il n'y en a point qu'on ne pût attraper par quelque endroit, si je les avois bien étudiés. Mais vous me faites perdre un temps qui nous est cher : songeons à nous, de grâce, et ne nous amusons pas davantage à discourir. Vous (à La Grange), prenez garde à bien représenter avec moi votre rôle de marquis.

MADEMOISELLE MOLIÈRE.

Toujours des marquis !

MOLIÈRE.

Oui, toujours des marquis. Que diable voulez-vous qu'on prenne pour un caractère agréable de théâtre? Le marquis aujourd'hui est le plaisant de la comédie : et comme, dans toutes les comédies anciennes, on voit toujours un ballet bouffon qui fait rire les auditeurs, de même, dans toutes nos pièces de maintenant, il faut toujours un marquis ridicule qui divertisse la compagnie.

MADEMOISELLE BÉJART.

Il est vrai, on ne s'en sauroit passer.

MOLIÈRE.

Pour vous, mademoiselle...

MALEMOISELLE DU PARC.

Mon Dieu! pour moi je m'acquitterai fort mal de mon personnage, et je ne sais pas pourquoi vous m'avez donné ce rôle de façonnière.

MOLIÈRE.

Mon Dieu! mademoiselle, voilà comme vous disiez lorsque l'on vous donna celui de la Critique de l'École des Femmes : cependant vous vous en êtes acquittée à merveille; et tout le monde est demeuré d'accord qu'on ne peut pas mieux faire que vous avez fait. Croyez-moi, celui-ci sera de même, et vous le jouerez mieux que vous ne pensez.

MADEMOISELLE DU PARC.

Comment cela se pourroit-il faire? car il n'y a point de personne au monde qui soit moins façonnière que moi.

SCÈNE I.

MOLIÈRE.

Cela est vrai, et c'est en quoi vous faites mieux voir que vous êtes une excellente comédienne, de bien représenter un personnage qui est si contraire à votre humeur. Tâchez donc de bien prendre, tous, le caractère de vos rôles, et de vous figurer que vous êtes ce que vous représentez.

(A du Croisy.)

Vous faites le poëte, vous; et vous devez vous remplir de ce personnage, marquer cet air pédant qui se conserve parmi le commerce du beau monde, ce ton de voix sentencieux, et cette exactitude de prononciation qui appuie sur toutes les syllabes et ne laisse échapper aucune lettre de la plus sévère orthographe.

(A Brécourt.)

Pour vous, vous faites un honnête homme de cour, comme vous avez déjà fait dans la Critique de l'École des Femmes; c'est-à-dire que vous devez prendre un air posé, un ton de voix naturel, et gesticuler le moins qu'il vous sera possible.

(A La Grange.)

Pour vous, je n'ai rien à vous dire.

(A mademoiselle Béjart.)

Vous, vous représentez une de ces femmes qui, pourvu qu'elles ne fassent point l'amour, croient que tout le reste leur est permis; de ces femmes qui se retranchent toujours fièrement sur leur pruderie, regardent un chacun de haut en bas, et veulent que toutes les plus belles qualités que possèdent les autres ne soient rien en comparaison d'un misérable honneur dont personne ne se soucie. Ayez toujours ce caractère devant les yeux pour en bien faire les grimaces.

(A mademoiselle de Brie.)

Pour vous, vous faites une de ces femmes qui pensent être les plus vertueuses personnes du monde, pourvu qu'elles sauvent les apparences; de ces femmes qui croient que le péché n'est que dans le scandale, qui veulent conduire doucement les affaires qu'elles ont sur le pied d'attachement honnête, et appellent amis ce que les autres nomment galants. Entrez bien dans ce caractère.

(A mademoiselle Molière.)

Vous, vous faites le même personnage que dans la Critique, et je n'ai rien à vous dire, non plus qu'à mademoiselle du Parc.

(A mademoiselle du Croisy.)

Pour vous, vous représentez une de ces personnes qui prêtent doucement des charités à tout le monde, de ces femmes qui donnent toujours le petit coup de langue en passant, et seroient bien fâchées d'avoir souffert qu'on eût dit du bien du prochain. Je crois que vous ne vous acquitterez pas mal de ce rôle.

(A mademoiselle Hervé.)

Et pour vous, vous êtes la soubrette de la précieuse, qui se mêle de temps en temps dans la conversation, et attrape comme elle peut tous les termes de sa maîtresse. Je vous dis tous vos caractères, afin que vous vous les imprimiez fortement dans l'esprit. Commençons maintenant à répéter, et voyons comme cela ira. Ah! voici justement un fâcheux! Il ne nous falloit plus que cela.

SCÈNE II.

LA THORILLIÈRE, MOLIÈRE, BRÉ-COURT, LA GRANGE, DU CROISY; MESDEMOISELLES DU PARC, BÉJART, DE BRIE, MOLIÈRE, DU CROISY, HERVÉ.

LA THORILLIÈRE.

Bonjour, monsieur Molière.

MOLIÈRE.

Monsieur, votre serviteur. (A part.) La peste soit de l'homme!

LA THORILLIÈRE.

Comment vous en va?

MOLIÈRE.

Fort bien, pour vous servir. (Aux actrices.) Mesdemoiselles, ne...

LA THORILLIÈRE.

Je viens d'un lieu où j'ai bien dit du bien de vous...

MOLIÈRE.

Je vous suis obligé. (A part.) Que le diable t'emporte! (Aux acteurs.) Ayez un peu de soin...

LA THORILLIÈRE.

Vous jouez une pièce nouvelle aujourd'hui?

MOLIÈRE.

Oui, monsieur. (Aux actrices.) N'oubliez pas...

LA THORILLIÈRE.

C'est le roi qui vous l'a fait faire ?

MOLIÈRE.

Oui, monsieur. (Aux acteurs.) De grâce, songez...

LA THORILLIÈRE.

Comment l'appelez-vous ?

MOLIÈRE.

Oui, monsieur.

LA THORILLIÈRE.

Je vous demande comment vous la nommez.

MOLIÈRE.

Ah ! ma foi, je ne sais. (Aux actrices.) Il faut, s'il vous plaît, que vous...

LA THORILLIÈRE.

Comment serez-vous habillés ?

MOLIÈRE.

Comme vous voyez. (Aux acteurs.) Je vous prie...

LA THORILLIÈRE.

Quand commencerez-vous ?

MOLIÈRE.

Quand le roi sera venu. (A part.) Au diantre le questionneur !

LA THORILLIÈRE.

Quand croyez-vous qu'il vienne ?

MOLIÈRE.

La peste m'étouffe, monsieur, si je le sais !

LA THORILLIÈRE.

Savez-vous point... ?

MOLIÈRE.

Tenez, monsieur, je suis le plus ignorant homme

du monde. Je ne sais rien de tout ce que vous pourrez me demander, je vous jure. (A part.) J'enrage! Ce bourreau vient avec un air tranquille vous faire des questions, et ne se soucie pas qu'on ait en tête d'autres affaires.

LA THORILLIÈRE.

Mesdemoiselles, votre serviteur.

MOLIÈRE.

Ah! bon! le voilà d'un autre côté.

LA THORILLIÈRE, à mademoiselle du Croisy.

Vous voilà belle comme un petit ange. Jouez-vous toutes deux aujourd'hui ? (en regardant mademoiselle Hervé.)

MADEMOISELLE DU CROISY.

Oui, monsieur.

LA THORILLIÈRE.

Sans vous la comédie ne vaudroit pas grand'chose.

MOLIÈRE, bas, aux actrices.

Vous ne voulez pas faire en aller cet homme-là ?

MADEMOISELLE DE BRIE, à La Thorillière.

Monsieur, nous avons ici quelque chose à répéter ensemble.

LA THORILLIÈRE.

Ah! parbleu! je ne veux pas vous empêcher; vous n'avez qu'à poursuivre.

MADEMOISELLE DE BRIE.

Mais...

LA THORILLIÈRE.

Non, non ; je serois fâché d'incommoder personne. Faites librement ce que vous avez à faire.

MADEMOISELLE DE BRIE.

Oui ; mais...

LA THORILLIÈRE.

Je suis homme sans cérémonie, vous dis-je ; et vous pouvez répéter ce qu'il vous plaira.

MOLIÈRE.

Monsieur, ces demoiselles ont peine à vous dire qu'elles souhaiteroient fort que personne ne fût ici pendant cette répétition.

LA THORILLIÈRE.

Pourquoi ? il n'y a point de danger pour moi.

MOLIÈRE.

Monsieur, c'est une coutume qu'elles observent, et vous aurez plus de plaisir quand les choses vous surprendront.

LA THORILLIÈRE.

Je m'en vais donc dire que vous êtes prêts.

MOLIÈRE.

Point du tout, monsieur ; ne vous hâtez pas, de grâce.

SCÈNE III.

MOLIÈRE, BRÉCOURT, LA GRANGE, DU CROISY; MESDEMOISELLES DU PARC, BÉJART, DE BRIE, MOLIÈRE, DU CROISY, HERVÉ.

MOLIÈRE.

Ah ! que le monde est plein d'impertinents ! Or sus commençons. Figurez-vous donc premièrement que la scène est dans l'antichambre

SCÈNE III.

du roi ; car c'est un lieu où il se passe tous les jours des choses assez plaisantes. Il est aisé de faire venir là toutes les personnes qu'on veut, et on peut trouver des raisons même pour y autoriser la venue des femmes que j'introduis. La comédie s'ouvre par deux marquis qui se rencontrent.

(A La Grange.)

Souvenez-vous bien, vous, de venir, comme je vous ai dit, là, avec cet air qu'on nomme le bel air, peignant votre perruque, et grondant une petite chanson entre vos dents. La, la, la, la, la, la, la. Rangez-vous donc, vous autres, car il faut du terrain à deux marquis, et ils ne sont pas gens à tenir leur personne dans un petit espace.

(A La Grange.)

Allons, parlez.

LA GRANGE.

« Bonjour, marquis. »

MOLIÈRE.

Mon Dieu ! ce n'est point là le ton d'un marquis : il faut le prendre un peu plus haut : et la plupart de ces messieurs affectent une manière de parler particulière pour se distinguer du commun. « Bonjour, marquis. » Recommencez donc.

LA GRANGE.

« Bonjour, marquis. »

MOLIÈRE.

« Ah ! marquis, ton serviteur. »

LA GRANGE.

« Que fais-tu là ? »

MOLIÈRE.

« Parbleu ! tu vois ; j'attends que tous ces messieurs aient débouché la porte pour présenter là mon visage. »

LA GRANGE.

« Têtebleu ! quelle foule ! Je n'ai garde de m'y aller frotter, et j'aime bien mieux entrer des derniers. »

MOLIÈRE.

« Il y a là vingt gens qui sont fort assurés de n'entrer point, et qui ne laissent pas de se presser et d'occuper toutes les avenues de la porte. »

LA GRANGE.

« Crions nos deux noms à l'huissier, afin qu'il nous appelle. »

MOLIÈRE.

« Cela est bon pour toi ; mais, pour moi, je ne veux pas être joué par Molière. »

LA GRANGE.

« Je pense pourtant, marquis, que c'est toi qu'il joue dans la Critique. »

MOLIÈRE.

« Moi ! Je suis ton valet ; c'est toi-même en propre personne. »

LA GRANGE.

« Ah ! ma foi, tu es bon de m'appliquer ton personnage. »

SCÈNE III.

MOLIÈRE.

« Parbleu! je te trouve plaisant de me donner ce qui t'appartient. »

LA GRANGE, riant.

« Ah, ah, ah! Cela est drôle. »

MOLIÈRE, riant.

« Ah, ah, ah! Cela est bouffon. »

LA GRANGE.

« Quoi! tu veux soutenir que ce n'est pas toi qu'on joue dans le marquis de la Critique? »

MOLIÈRE.

« Il est vrai : c'est moi. *Détestable, morbleu! détestable ; tarte à la crème.* C'est moi, c'est moi, assurément, c'est moi. »

LA GRANGE.

« Oui, parbleu! c'est toi ; tu n'as que faire de railler ; et si tu veux, nous gagerons, et verrons qui a raison des deux. »

MOLIÈRE.

« Et que veux-tu gager encore ? »

LA GRANGE.

« Je gage cent pistoles que c'est toi. »

MOLIÈRE.

« Et moi, cent pistoles que c'est toi. »

LA GRANGE.

« Cent pistoles comptant. »

MOLIÈRE.

« Comptant. Quatre-vingt-dix pistoles sur Amyntas, et dix pistoles comptant. »

LA GRANGE.

« Je le veux. »

MOLIÈRE.

« Cela est fait. »

LA GRANGE.

« Ton argent court grand risque. »

MOLIÈRE.

« Le tien est bien aventuré. »

LA GRANGE.

« A qui nous en rapporter ? »

MOLIÈRE.

« Voici un homme qui nous jugera. (A Brécourt,) » Chevalier ! »

BRÉCOURT.

» Quoi ? »

MOLIÈRE.

Bon ! voilà l'autre qui prend le ton de marquis ! Vous ai-je pas dit que vous faites un rôle où l'on doit parler naturellement ?

BRÉCOURT.

Il est vrai.

MOLIÈRE.

Allons donc. « Chevalier ! »

BRÉCOURT.

« Quoi ? »

MOLIÈRE.

« Juge-nous un peu sur une gageure que nous » avons faite. »

BRÉCOURT.

« Et quelle ? »

SCÈNE III.

MOLIÈRE.

« Nous disputons qui est le marquis de la Cri-
» tique de Molière : il gage que c'est moi ; et moi
» je gage que c'est lui. »

BRÉCOURT.

« Et moi, je juge que ce n'est ni l'un ni l'autre.
» Vous êtes fous tous deux de vouloir vous appli-
» quer ces sortes de choses ; et voilà de quoi j'ouïs
» l'autre jour se plaindre Molière, parlant à des
» personnes qui le chargeoient de même chose que
» vous. Il disoit que rien ne lui donnoit du déplai-
» sir comme d'être accusé de regarder quelqu'un
» dans les portraits qu'il fait ; que son dessein est
» de peindre les mœurs sans vouloir toucher aux
» personnes, et que tous les personnages qu'il
» représente sont des personnages en l'air, et des
» fantômes proprement, qu'il habille à sa fantai-
» sie pour réjouir les spectateurs ; qu'il seroit
» bien fâché d'y avoir jamais marqué qui que ce
» soit ; et que, si quelque chose étoit capable de
» le dégoûter de faire des comédies, c'étoit les
» ressemblances qu'on y vouloit toujours trouver,
» et dont ses ennemis tâchoient malicieusement
» d'appuyer la pensée pour lui rendre de mauvais
» offices auprès de certaines personnes à qui il
» n'a jamais pensé. En effet, je trouve qu'il a
» raison ; car pourquoi vouloir, je vous prie,
» appliquer tous ses gestes et toutes ses paroles,
» et chercher à lui faire des affaires en disant hau-
» tement, Il joue un tel, lorsque ce sont des
» choses qui peuvent convenir à cent personnes ?

» Comme l'affaire de la comédie est de représen-
» ter en général tous les défauts des hommes, et
» principalement des hommes de notre siècle, il
» est impossible à Molière de faire aucun carac-
» tère qui ne rencontre quelqu'un dans le monde;
» et, s'il faut qu'on l'accuse d'avoir songé à toutes
» les personnes où l'on peut trouver les défauts
» qu'il peint, il faut, sans doute, qu'il ne fasse
» plus de comédies. »

MOLIÈRE.

« Ma foi, chevalier, tu veux justifier Molière,
» et épargner notre ami que voilà. »

LA GRANGE.

« Point du tout, c'est toi qu'il épargne; et nous
» trouverons d'autres juges. »

MOLIÈRE.

« Soit. Mais dis-moi, chevalier, crois-tu pas
» que ton Molière est épuisé maintenant, et
» qu'il ne trouvera plus de matière pour...? »

BRÉCOURT.

« Plus de matière! Hé! mon pauvre marquis,
» nous lui en fournirons toujours assez; et nous
» ne prenons guère le chemin de nous rendre
» sages, pour tout ce qu'il fait et tout ce qu'il
» dit. »

MOLIÈRE.

Attendez. Il faut marquer davantage tout cet
endroit. Écoutez-le moi dire un peu... « et qu'il
» ne trouvera plus de matière pour... Plus de
» matière! Hé! mon pauvre marquis, nous lui
» en fournirons toujours assez; et nous ne pre-

SCÈNE III.

» nous guère le chemin de nous rendre sages,
» pour tout ce qu'il fait et tout ce qu'il dit. Crois-
» tu qu'il ait épuisé dans ses comédies tout le
» ridicule des hommes ? Eh ! sans sortir de la
» cour, n'a-t-il pas encore vingt caractères de
» gens où il n'a point touché ? N'a-t-il pas, par
» exemple, ceux qui se font les plus grandes
» amitiés du monde, et qui, le dos tourné,
» font galanterie de se déchirer l'un l'autre ?
» N'a-t-il pas ces adulateurs à outrance, ces
» flatteurs insipides qui n'assaisonnent d'aucun
» sel les louanges qu'ils donnent, et dont toutes
» les flatteries ont une douceur fade qui fait mal
» au cœur à ceux qui les écoutent ? N'a-t-il pas
» ces lâches courtisans de la faveur, ces perfides
» adorateurs de la fortune qui vous encensent
» dans la prospérité, et vous accablent dans la
» disgrâce ? N'a-t-il pas ceux qui sont toujours
» mécontents de la cour, ces suivants inutiles,
» ces incommodes assidus, ces gens, dis-je,
» qui, pour services, ne peuvent compter que
» des importunités, et qui veulent qu'on les
» récompense d'avoir obsédé le prince dix ans
» durant ? N'a-t-il pas ceux qui caressent éga-
» lement tout le monde, qui promènent leurs
» civilités à droite et à gauche, et courent à
» tous ceux qu'ils voient avec les mêmes embras-
» sades et les mêmes protestations d'amitiés ?
» Monsieur, votre très-humble serviteur. Mon-
» sieur, je suis tout à votre service. Tenez-moi
» des vôtres, mon cher. Faites état de moi,

» monsieur, comme du plus chaud de vos amis.
» Monsieur, je suis ravi de vous embrasser. Ah !
» monsieur, je ne vous voyois pas. Faites-moi
» la grâce de m'employer ; soyez persuadé que
» je suis entièrement à vous. Vous êtes l'homme
» du monde que je révère le plus. Il n'y a per-
» sonne que j'honore à l'égal de vous. Je vous
» conjure de le croire. Je vous supplie de n'en
» point douter. Serviteur. Très-humble valet.
» Va, va, marquis, Molière aura toujours plus
» de sujets qu'il n'en voudra : et tout ce qu'il a
» touché jusqu'ici n'est rien que bagatelle au
» prix de ce qui reste. »

Voilà à peu près comme cela doit être joué.

BRÉCOURT.

C'est assez.

MOLIÈRE.

Poursuivez.

BRÉCOURT.

« Voici Climène et Élise. »

MOLIÈRE.
(A mesdemoiselles du Parc et Molière.)

Là-dessus vous arriverez toutes deux.

(A mademoiselle du Parc.)

Prenez bien garde, vous, a vous déhancher comme il faut et à faire bien des façons. Cela vous contraindra un peu ; mais qu'y faire ? Il faut parfois se faire violence.

MADEMOISELLE MOLIÈRE.

« Certes, madame, je vous ai reconnue de
» loin ; et j'ai bien vu, à votre air, que ce ne
» pouvoit être une autre que vous. »

SCÈNE III.

MADEMOISELLE DU PARC.

« Vous voyez, je viens attendre ici la sortie
» d'un homme avec qui j'ai une affaire à démêler. »

MADEMOISELLE MOLIÈRE.

« Et moi de même. »

MOLIÈRE.

Mesdames, voilà des coffres qui vous serviront de fauteuils.

MADEMOISELLE DU PARC.

« Allons, madame, prenez place, s'il vous
» plaît. »

MADEMOISELLE MOLIÈRE.

« Après vous, madame. »

MOLIÈRE.

Bon. Après ces petites cérémonies muettes, chacun prendra place, et parlera assis, hors les marquis, qui tantôt se lèveront, et tantôt s'asseoiront, suivant leur inquiétude naturelle. « Parbleu ! chevalier, tu devrois faire prendre médecine à tes canons. »

BRÉCOURT.

« Comment ? »

MOLIÈRE.

« Ils se portent fort mal. »

BRÉCOURT.

« Serviteur à la turlupinade. »

MADEMOISELLE MOLIÈRE.

« Mon Dieu ! madame, que je vous trouve le
» teint d'une blancheur éblouissante, et les lèvres
» d'une couleur de feu surprenante ! »

MADEMOISELLE DU PARC.

« Ah ! que dites-vous là, madame ? ne me
» regardez point, je suis du dernier laid au-
» jourd'hui. »

MADEMOISELLE MOLIÈRE.

« Hé ! madame, levez un peu votre coiffe. »

MADEMOISELLE DU PARC.

« Fi ! je suis épouvantable, vous dis-je, et
» je me fais peur à moi-même. »

MADEMOISELLE MOLIÈRE.

« Vous êtes si belle ! »

MADEMOISELLE DU PARC.

« Point, point. »

MADEMOISELLE MOLIÈRE.

« Montrez-vous »

MADEMOISELLE DU PARC.

« Ah ! fi donc, je vous prie ! »

MADEMOISELLE MOLIÈRE.

« De grâce. »

MADEMOISELLE DU PARC.

« Mon Dieu ! non. »

MADEMOISELLE MOLIÈRE.

« Si fait. »

MADEMOISELLE DU PARC.

« Vous me désespérez. »

MADEMOISELLE MOLIÈRE.

« Un moment. »

MADEMOISELLE DU PARC.

« Hai. »

SCÈNE III.

MADEMOISELLE MOLIÈRE.

« Résolument, vous vous montrerez. On ne peut
» point se passer de vous voir. »

MADEMOISELLE DU PARC.

« Mon Dieu! que vous êtes une étrange per-
» sonne! Vous voulez furieusement ce que vous
» voulez. »

MADEMOISELLE MOLIÈRE.

« Ah! madame, vous n'avez aucun désavantage
» à paroître au grand jour, je vous jure. Les mé-
» chantes gens, qui assuroient que vous mettiez
» quelque chose! Vraiment! je les démentirai
» bien maintenant. »

MADEMOISELLE DU PARC.

« Hélas! je ne sais pas seulement ce qu'on appelle
» mettre quelque chose. Mais où vont ces dames? »

MADEMOISELLE DE BRIE.

« Vous voulez bien, mesdames, que nous vous
» donnions en passant la plus agréable nouvelle
» du monde. Voilà monsieur Lysidas qui vient
« de nous avertir qu'on a fait une pièce contre
» Molière, que les grands comédiens vont jouer. »

MOLIÈRE.

« Il est vrai; on me l'a voulu lire. C'est un
» nommé Br... Brou... Brossaut qui l'a faite. »

DU CROISY.

« Monsieur, elle est affichée sous le nom de
» Boursault; mais, à vous dire le secret, bien des
» gens ont mis la main à cet ouvrage, et l'on en
» doit concevoir une assez haute attente. Comme

» tous les auteurs et tous les comédiens regardent
» Molière comme leur plus grand ennemi, nous
» nous sommes tous unis pour le desservir. Cha-
» cun de nous a donné un coup de pinceau à son
» portrait ; mais nous nous sommes bien gardés
» d'y mettre nos noms : il lui auroit été trop glo-
» rieux de succomber, aux yeux du monde, sous
» les efforts de tout le Parnasse ; et, pour rendre
» sa défaite plus ignominieuse, nous avons voulu
» choisir tout exprès un auteur sans réputation. »

MADEMOISELLE DU PARC.

« Pour moi, je vous avoue que j'en ai toutes
» les joies imaginables. »

MOLIÈRE.

« Et moi aussi. Par la sambleu ! le railleur sera
» raillé ; il aura sur les doigts, ma foi. »

MADEMOISELLE DU PARC.

« Cela lui apprendra à vouloir satiriser tout.
» Comment ! cet impertinent ne veut pas que
» les femmes aient de l'esprit ! Il condamne tou-
» tes nos expressions élevées, et prétend que
» nous parlions toujours terre à terre ! »

MADEMOISELLE DE BRIE.

« Le langage n'est rien : mais il censure tous
» nos attachements, quelque innocents qu'ils
» puissent être ; et, de la façon qu'il en parle,
» c'est être criminelle que d'avoir du mérite. »

MADEMOISELLE DU CROISY.

« Cela est insupportable. Il n'y a pas une
» femme qui puisse plus rien faire. Que ne laisse-

SCÈNE III.

» t-il en repos nos maris, sans leur ouvrir les yeux,
» et leur faire prendre garde à des choses dont
» ils ne s'avisent pas ? »

MADEMOISELLE BÉJART.

« Passe pour tout cela; mais il satirise même les
» femmes de bien, et ce méchant plaisant leur
» donne le titre d'honnêtes diablesses. »

MADEMOISELLE MOLIÈRE.

« C'est un impertinent. Il faut qu'il en ait tout
» le soûl. »

DU CROISY.

« La représentation de cette comédie, ma-
» dame, aura besoin d'être appuyée; et les co-
» médiens de l'hôtel... »

MADEMOISELLE DU PARC.

« Mon Dieu ! qu'ils n'appréhendent rien ; je
» leur garantis le succès de leur pièce, corps
» pour corps. »

MADEMOISELLE MOLIÈRE.

« Vous avez raison, madame. Trop de gens
» sont intéressés à la trouver belle. Je vous laisse
» à penser si tous ceux qui se croient satirisés
» par Molière ne prendront point l'occasion de se
» venger de lui en applaudissant à cette comédie. »

BRÉCOURT, *ironiquement*.

« Sans doute ; et pour moi je réponds de douze
» marquis, de six précieuses, de vingt coquettes,
» et de trente cocus, qui ne manqueront pas d'y
» battre des mains. »

MADEMOISELLE MOLIÈRE.

« En effet, pourquoi aller offenser toutes ces

» personnes-là, et particulièrement les cocus,
» qui sont les meilleures gens du monde? »

MOLIÈRE.

« Par la sambleu! on m'a dit qu'on va le dau-
» ber, lui et toutes ses comédies, de la belle ma-
» nière, et que les comédiens et les auteurs, de-
» puis le cèdre jusqu'à l'hysope, sont diablement
» animés contre lui. »

MADEMOISELLE MOLIÈRE.

« Cela lui sied fort bien. Pourquoi fait-il de
» méchantes pièces que tout Paris va voir, et où
» il peint si bien les gens, que chacun s'y con-
» noît? Que ne fait-il des comédies comme celles
» de monsieur Lysidas? Il n'auroit personne con-
» tre lui, et tous les auteurs en diroient du bien.
» Il est vrai que de semblables comédies n'ont pas
» ce grand concours de monde : mais, en revan-
» che, elles sont toujours bien écrites; personne
» n'écrit contre elles, et tous ceux qui les voient
» meurent d'envie de les trouver belles. »

DU CROISY.

« Il est vrai que j'ai l'avantage de ne me point
» faire d'ennemis, et que tous mes ouvrages ont
» l'approbation des savants. »

MADEMOISELLE MOLIÈRE.

« Vous faites bien d'être content de vous :
» cela vaut mieux que tous les applaudissements
» du public, et que tout l'argent qu'on sauroit
» gagner aux pièces de Molière. Que vous im-
» porte qu'il vienne du monde à vos comédies,

SCÈNE III.

» pourvu qu'elles soient approuvées par messieurs
» vos confrères ? »

LA GRANGE.

« Mais quand jouera-t-on le Portrait du
» Peintre ? »

DU CROISY.

« Je ne sais ; mais je me prépare fort à pa-
» roître des premiers sur les rangs, pour crier,
» Voilà qui est beau ! »

MOLIÈRE.

« Et moi de même, parbleu ! »

LA GRANGE.

« Et moi aussi, Dieu me sauve ! »

MADEMOISELLE DU PARC.

« Pour moi, j'y paierai de ma personne comme
» il faut ; et je réponds d'une bravoure d'ap-
» probation qui mettra en déroute tous les ju-
» gements ennemis. C'est bien la moindre chose
» que nous devions faire, que d'épauler de nos
» louanges le vengeur de nos intérêts. »

MADEMOISELLE MOLIÈRE.

« C'est fort bien dit. »

MADEMOISELLE DE BRIE.

« Et ce qu'il nous faut faire toutes. »

MADEMOISELLE BÉJART.

« Assurément. »

MADEMOISELLE DU CROISY.

« Sans doute. »

MADEMOISELLE HERVÉ.

« Point de quartier à ce contrefaiseur de gens. »

MOLIÈRE.

« Ma foi, chevalier mon ami, il faudra que ton Molière se cache. »

BRÉCOURT.

« Qui ? lui ? Je te promets, marquis, qu'il fait dessein d'aller sur le théâtre rire, avec tous les autres, du portrait qu'on a fait de lui. »

MOLIÈRE.

« Parbleu ! ce sera donc du bout des dents qu'il y rira. »

BRÉCOURT.

« Va, va, peut-être qu'il y trouvera plus de sujets de rire que tu ne penses. On m'a montré la pièce ; et comme tout ce qu'il y a d'agréable sont effectivement les idées qui ont été prises de Molière, la joie que cela pourra donner n'aura pas lieu de lui déplaire, sans doute ; car, pour l'endroit où l'on s'efforce de le noircir, je suis le plus trompé du monde, si cela est approuvé de personne. Et quant à tous les gens qu'ils ont tâché d'animer contre lui, sur ce qu'il fait, dit-on, des portraits trop ressemblants, outre que cela est de fort mauvaise grâce, je ne vois rien rien de plus ridicule et de plus mal pris ; et je n'avois pas cru jusqu'ici que ce fût un sujet de blâme pour un comédien, que de peindre trop bien les hommes. »

LA GRANGE.

« Les comédiens m'ont dit qu'ils l'attendoient sur la réponse, et que... »

SCENE III.

BRÉCOURT.

« Sur la réponse ! Ma foi, je le trouverois
» un grand fou s'il se mettoit en peine de ré-
» pondre à leurs invectives. Tout le monde sait
» assez de quel motif elles peuvent partir ; et
» la meilleure réponse qu'il leur puisse faire,
» c'est une comédie qui réussisse comme toutes ses
» autres : voilà le vrai moyen de se venger d'eux
» comme il faut. Et de l'humeur dont je les
» connois, je suis fort assuré qu'une pièce nou-
» velle qui leur enlevera le monde les fâchera
» bien plus que toutes les satires qu'on pourroit
» faire de leurs personnes. »

MOLIÈRE.

« Mais chevalier ?

MADEMOISELLE BÉJART.

Souffrez que j'interrompe pour un peu la répétition. (A Molière.) Voulez-vous que je vous die ?
Si j'avois été en votre place, j'aurois poussé les
choses autrement. Tout le monde attend de vous
une réponse vigoureuse ; et, après la manière
dont on m'a dit que vous étiez traité dans cette
comédie, vous étiez en droit de tout dire contre
les comédiens, et vous deviez n'en épargner
aucun.

MOLIÈRE.

J'enrage de vous ouïr parler de la sorte. Et
voilà votre manie à vous autres femmes : vous
voudriez que je prisse feu d'abord contre eux,
et qu'à leur exemple, j'allasse éclater promptement en invectives et en injures. Le bel hon-

neur que j'en pourrois tirer ! et le grand dépit que je leur ferois ! Ne se sont-ils pas préparés de bonne volonté à ces sortes de choses ? et lorsqu'ils ont délibéré s'ils joueroient le Portrait du Peintre, sur la crainte d'une riposte, quelques-uns d'entre eux n'ont-ils pas répondu, Qu'il nous rende toutes les injures qu'il voudra, pourvu que nous gagnions de l'argent ? N'est-ce pas là la marque d'une âme fort sensible à la honte ? et ne me vengerois-je pas bien d'eux en leur donnant ce qu'ils veulent bien recevoir.

MADEMOISELLE DE BRIE.

Ils se sont fort plaint toutefois de trois ou quatre mots que vous avez dit d'eux dans la Critique et dans vos Précieuses.

MOLIÈRE.

Il est vrai, ces trois ou quatre mots sont fort offensants, et ils ont grande raison de les citer ! Allez, allez, ce n'est pas cela, le plus grand mal que je leur ai fait, c'est que j'ai eu le bonheur de plaire un peu plus qu'ils n'auroient voulu ; et tout leur procédé, depuis que nous sommes venus à Paris, a trop marqué ce qui les touche. Mais laissons-les faire tant qu'ils voudront ; toutes leurs entreprises ne doivent point m'inquiéter. Ils critiquent mes pièces, tant mieux ; et Dieu me garde d'en faire jamais qui leur plaisent ! ce seroit une mauvaise affaire pour moi.

MADEMOISELLE DE BRIE.

Il n'y a pas grand plaisir pourtant à voir déchirer ses ouvrages.

SCÈNE III.

MOLIÈRE.

Et qu'est-ce que cela me fait ? N'ai-je pas obtenu de ma comédie tout ce que j'en voulois obtenir, puisqu'elle a eu le bonheur d'agréer aux augustes personnes à qui particulièrement je m'offre de plaire ? N'ai-je pas lieu d'être satisfait de sa destinée ? et toutes leurs censures ne viennent-elles pas trop tard ? Est-ce moi, je vous prie, que cela regarde maintenant ! et lorsqu'on attaque une pièce qui a eu du succès, n'est-ce pas attaquer plutôt le jugement de ceux qui l'ont approuvée que l'art de celui qui l'a faite ?

MADEMOISELLE DE BRIE.

Ma foi, j'aurois joué ce petit monsieur l'auteur qui se mêle d'écrire contre des gens qui ne songent pas à lui.

MOLIÈRE.

Vous êtes folle. Le beau sujet à divertir la cour que ce monsieur Boursault ! Je voudrois bien savoir de quelle façon on pourroit l'ajuster pour le rendre plaisant, et si, quand on le berneroit sur le théâtre, il seroit assez heureux pour faire rire le monde. Ce lui seroit trop d'honneur que d'être joué devant une auguste assemblée, il ne demanderoit pas mieux ; et il m'attaque de gaieté de cœur pour se faire connoître de quelque façon que ce soit. C'est un homme qui n'a rien à perdre ; et les comédiens ne me l'ont déchaîné que pour m'engager à une sotte guerre, et me détourner, par cet artifice, des autres ouvrages que j'ai à faire : et cependant vous êtes assez simples pour donner toutes dans ce panneau ! Mais enfin j'en ferai ma déclaration publiquement : je ne prétends faire aucune réponse à toutes leurs critiques et leurs contre-critiques. Qu'ils disent tous les maux du monde de mes pièces, j'en suis d'accord. Qu'ils s'en saisissent après nous ; qu'ils les retournent comme un habit pour les mettre sur leur théâtre, et tâchent à profiter de quelque agrément qu'on y trouve et d'un peu de bonheur que j'ai, j'y consens, ils en ont besoin ; et je serai bien aise de contribuer à les faire subsister, pourvu qu'ils se contentent de ce que je puis leur accorder avec bienséance. La courtoisie doit avoir des bornes ; et il y a des choses qui ne font rire ni les spectateurs ni celui dont on parle. Je leur abandonne de bon cœur mes ouvrages, ma figure, mes gestes, mes paroles, mon ton de voix et ma façon de réciter, pour en faire et dire tout ce qu'il leur plaira, s'ils en peuvent tirer quelque avantage. Je ne m'oppose point à toutes ces choses, et je serai ravi que cela puisse réjouir le monde ; mais en leur abandonnant tout cela, ils me doivent faire la grâce de me laisser le reste, et de ne point toucher à des matières de la nature de celles sur lesquelles on m'a dit qu'ils m'attaquoient dans leurs comédies. C'est de quoi je prierai civilement cet honnête monsieur qui se mêle d'écrire pour eux ; et voilà toute la réponse qu'ils auront de moi.

MADEMOISELLE BÉJART.

Mais enfin...

SCÈNE III.

MOLIÈRE.

Mais enfin vous me feriez devenir fou. Ne parlons point de cela davantage ; nous nous amusons à faire des discours au lieu de répéter notre comédie. Où en étions-nous ? je ne m'en souviens plus.

MADEMOISELLE DE BRIE.

Vous en étiez à l'endroit...

MOLIÈRE.

Mon Dieu ! j'entends du bruit : c'est le roi qui arrive, assurément ; et je vois bien que nous n'aurons pas le temps de passer outre. Voilà ce que c'est de s'amuser. Oh bien ! faites donc, pour le reste, du mieux qu'il vous sera possible.

MADEMOISELLE BÉJART.

Par ma foi ! frayeur me prend ; et je ne saurois aller jouer mon rôle, si je ne le répète tout entier.

MOLIÈRE.

Comment ! vous ne sauriez aller jouer votre rôle ?

MADEMOISELLE BÉJART.

Non.

MADEMOISELLE DU PARC.

Ni moi le mien.

MADEMOISELLE DE BRIE.

Ni moi non plus.

MADEMOISELLE MOLIÈRE.

Ni moi.

MADEMOISELLE HERVÉ.

Ni moi.

MADEMOISELLE DU CROISY.

Ni moi.

MOLIÈRE.

Que pensez-vous donc faire? Vous moquez-vous toutes de moi?

SCÈNE IV.

BÉJART, MOLIÈRE, LA GRANGE, DU CROISY; MESDEMOISELLES DU PARC, BÉJART, DE BRIE, MOLIÈRE, DU CROISY, HERVÉ.

BÉJART.

MESSIEURS, je viens vous avertir que le roi est venu, et qu'il attend que vous commenciez.

MOLIÈRE.

Ah! monsieur, vous me voyez dans la plus grande peine du monde; je suis désespéré à l'heure que je vous parle. Voici des femmes qui s'effraient et qui disent qu'il leur faut répéter leurs rôles avant que d'aller commencer. Nous demandons, de grâce, encore un moment. Le roi a de la bonté, et il sait bien que la chose a été précipitée.

SCÈNE V.

MOLIÈRE, ET LES MÊMES ACTEURS, A L'EXCEPTION DE BÉJART.

MOLIÈRE.

HÉ! de grâce, tâchez de vous remettre; prenez courage, je vous prie.

MADEMOISELLE DU PARC.

Vous devez vous aller excuser.

MOLIÈRE.

Comment m'excuser?

SCÈNE VI.

MOLIÈRE, ET LES MÊMES ACTEURS; UN NÉCESSAIRE.

LE NÉCESSAIRE.

Messieurs, commencez donc.

MOLIÈRE.

Tout à l'heure, monsieur. Je crois que je perdrai l'esprit de cette affaire-ci, et...

SCÈNE VII.

MOLIÈRE, ET LES MÊMES ACTEURS; UN SECOND NÉCESSAIRE.

LE SECOND NÉCESSAIRE.

Messieurs, commencez donc.

MOLIÈRE.

Dans un moment, monsieur. (À ses camarades.) Hé quoi donc! voulez-vous que j'aie l'affront...?

SCÈNE VIII.

MOLIÈRE, ET LES MÊMES ACTEURS; UN TROISIÈME NÉCESSAIRE.

LE TROISIÈME NÉCESSAIRE.

Messieurs, commencez donc.

MOLIÈRE.

Oui, monsieur, nous y allons. Hé! que de gens se font fête (*), et viennent dire, Commencez donc, à qui le roi ne l'a pas commandé!

(*) Il falloit se font de fête. Cette expression veut dire : s'entremettre de quelque affaire, et vouloir s'y rendre nécessaire sans y avoir été appelé.

SCÈNE IX.

MOLIÈRE, ET LES MÊMES ACTEURS ; UN QUATRIÈME NÉCESSAIRE.

LE QUATRIÈME NÉCESSAIRE.

Messieurs, commencez donc.

MOLIÈRE.

Voilà qui est fait, monsieur. (A ses camarades.) Quoi donc ! recevrai-je la confusion...?

SCÈNE X.

BÉJART, MOLIÈRE, ET LES MÊMES ACTEURS.

MOLIÈRE.

Monsieur, vous venez pour nous dire de commencer, mais...

BÉJART.

Non, messieurs ; je viens pour vous dire qu'on a dit au roi l'embarras où vous vous trouviez, et que, par une bonté toute particulière, il remet votre nouvelle comédie à une autre fois, et se contente, pour aujourd'hui, de la première que vous pourrez donner.

MOLIÈRE.

Ah! monsieur, vous me redonnez la vie. Le roi nous fait la plus grande grâce du monde de nous donner du temps pour ce qu'il a souhaité ; et nous allons tous le remercier des extrêmes bontés qu'il nous fait paroître.

FIN DE L'IMPROMPTU DE VERSAILLES.

RÉFLEXIONS

SUR

L'IMPROMPTU DE VERSAILLES.

On a vu, dans la vie de Molière, que Boursault, ayant cru se reconnoître dans le personnage du poëte Lysidas, composa LE PORTRAIT DU PEINTRE, pièce où il chercha à tourner en ridicule quelques vers de L'ÉCOLE DES FEMMES. Cette comédie, écrite avec assez d'élégance, mais dont l'ironie est foible et la plaisanterie sans sel, affligea beaucoup Molière, parce qu'elle servit en quelque sorte de point de ralliement à tous ses ennemis, qui étoient nombreux. Ses protecteurs et ses partisans, parmi lesquels on pouvoit compter les hommes les plus distingués de la cour, en parlèrent au roi, qui permit verbalement que l'auteur répondît à ses adversaires dans une comédie qui seroit jouée à la cour.

Molière, enhardi par cette marque inouie de bienveillance, céda au désir de se venger, et nomma Boursault avec le plus grand mépris, quoique la pièce de ce dernier n'offrît aucune personnalité. L'IMPROMPTU DE VERSAILLES fut très-goûté : c'étoit une affaire de parti. Toute la jeunesse de la cour, excepté quelques marquis, voyoit avec plaisir qu'on attaquât les prudes, les précieuses et l'hôtel de Rambouillet, qu'elle regardoit comme *la vieille cour*. Cependant l'auteur, plus juste que ses partisans, retira sa pièce après le cours des premières représentations : il reconnut qu'il avoit eu tort de renouveler la licence du théâtre d'Athènes, dont on pouvoit se servir contre lui, ce qui ne manqua pas d'arriver (*). L'Impromptu de Versailles ne parut donc plus, et ne fut imprimé qu'après sa mort.

Cette pièce offre, comme la Critique de l'École des Femmes, l'indication de plusieurs caractères que l'auteur se proposoit de peindre. On peut considérer ces esquisses légères comme un trésor précieux : rien ne plaît tant aux amateurs et ne sert mieux à les instruire que les premières ébauches d'un homme de génie. On trouve aussi dans cette pièce des détails qui ne sont pas moins curieux. Molière s'y présente au milieu de sa troupe, gourmandant les uns, encourageant les autres, la tête remplie de soins minutieux, et cependant rêvant toujours à de grandes conceptions. Quand cette pièce n'offriroit que ce tableau singulier, elle seroit digne de toute l'attention des connoisseurs.

Parmi les caractères indiqués, il en est quelques-uns qu'il a traités par la suite, d'autres qu'il a laissés à ses successeurs. Le rôle de

---

(*) Voyez, dans la Vie de Molière, ce qui est dit de *l'Impromptu de l'hôtel de Condé*, que Montfleury composa pour répondre à *l'Impromptu de Versailles*.

l'homme de cour, à peu près pareil à celui de
la Critique de l'École des Femmes, fut développé dans les Femmes savantes. La femme qui
se croit tout permis, parce qu'elle est fidèle à
son époux, servit de modèle à Cléanthis d'Amphitrion; et la prude qui, se bornant à sauver
les apparences, fait passer des galants pour des
amis, trouva sa place dans le Misanthrope.

Les autres caractères indiqués doivent être
étudiés avec soin par ceux qui veulent faire des
comédies. Quelques-uns ont été traités : le
Flatteur n'a pas réussi à J.-B. Rousseau : Des-
touches n'a pas tiré meilleur parti de l'Ambitieux;
mais il a eu plus de succès lorsque, dans le
Dissipateur, il a peint *ces perfides adorateurs
de la fortune qui vous encensent dans la prospérité, et vous accablent dans la disgrâce.* Il
reste plusieurs caractères qui attendent qu'un
auteur comique les mette en œuvre. Pourquoi,
jusqu'à présent, n'en a-t-on pas profité? C'est
peut-être parce qu'il faudroit le génie de Molière pour les placer avantageusement sur la
scène. Depuis cette époque, on a souvent peint
des poëtes ridicules : mais on n'a jamais gardé
la juste mesure; et leurs rôles n'ont pu passer
que pour des charges. En effet, quel poëte res-
semble à M. Desmazures (*)? Peut-on espérer
que ceux qui ont des travers très-opposés à ceux
de ces personnages se corrigent en les voyant?

(*) Fausse Agnès.

L'indication donnée par Molière est de tous les temps : tout auteur à prétention aura les défauts de son poëte : *il faut*, dit-il, *marquer cet air pédant qui se conserve parmi le commerce du beau monde, ce ton de voix sentencieux, et cette exactitude de prononciation qui appuie sur toutes les syllabes, et ne laisse échapper aucune lettre de la plus sévère orthographe.*

On remarque dans cette pièce la prétention qu'avoit Molière à bien jouer la tragédie. Il contrefait les principaux acteurs du théâtre de l'hôtel de Bourgogne, et se moque de leur jeu maniéré. On ne peut savoir aujourd'hui jusqu'à quel point sa critique étoit juste : ce dont on est sûr, c'est que sa troupe étoit hors d'état de lutter avec sa rivale dans le genre sérieux. Il ne tarda pas à sentir les conséquences de la satire personnelle qu'il s'étoit permise : comme il prêtoit le flanc par une prétention mal fondée, on ne manqua pas de se moquer de la manière dont il jouoit Nicomède, rôle dans lequel il se flattoit d'exceller (*). Au reste, la véritable cause de la haine qui existoit entre les deux troupes venoit de leur rivalité. Dès le moment où Molière s'établit à Paris, l'hôtel de Bourgogne en conçut de l'ombrage ; et les succès toujours croissants du nouveau théâtre ne servirent pas à dissiper cette crainte. *Ils critiquent mes pièces*, dit Molière avec beaucoup de finesse ; *et Dieu me*

(*) Voyez Vie de Molière.

garde d'en faire jamais qui leur plaisent : ce seroit une mauvaise affaire pour moi.

On trouve dans cette comédie un passage assez singulier, c'est un petit dialogue entre Molière et sa femme. Il étoit marié depuis un an et demi ; et sans doute il n'avoit plus pour cette jeune personne les empressements et les soins d'un amant. Mais devoit-il se représenter la traitant assez mal, et faire entrevoir dans sa réponse qu'elle pourroit se venger? je n'ose affirmer que ce passage ne soit pas de Molière, quoiqu'il me semble contraire à son caractère jaloux et réservé. Mais ne pourroit-on pas former une conjecture vraisemblable? La pièce ne fut imprimée qu'après sa mort : on étoit alors indigné de la conduite que sa femme avoit tenue avec lui ; on exagéroit ses torts ; on faisoit courir des libelles contre elle ; son second mariage alloit augmenter cette rumeur. Il seroit permis de soupçonner que cette femme, voulant se justifier, fit insérer ce passage dans L'IMPROMPTU DE VERSAILLES, afin de montrer que son premier mari la traitoit durement, et la mettoit dans le cas de lui faire craindre *la différence qu'il y avoit de ses manières aux civilités des galants.* Cette conjecture, à laquelle cependant on n'attache aucune importance, serviroit à expliquer la raison d'une disconvenance qu'on a peine à imputer à un homme tel que Molière, et s'accorderoit avec le caractère de sa femme, qui, comme on le sait, ne manquoit ni de finesse ni d'esprit.

LA PRINCESSE D'ÉLIDE,

COMÉDIE-BALLET

EN CINQ ACTES,

AVEC UN PROLOGUE ET DES INTERMÈDES,

Représentée à Versailles, le 8 mai 1664; et à Paris, sur le théâtre du Palais-Royal, le 9 octobre de la même année.

PERSONNAGES DU PROLOGUE.

L'AURORE.
LYCISCAS, valet de chiens.
TROIS VALETS DE CHIENS, chantants.
VALETS DE CHIENS, dansants.

PERSONNAGES DE LA COMÉDIE.

IPHITAS, prince d'Élide, père de la princesse.
LA PRINCESSE D'ÉLIDE.
EURYALE, prince d'Ithaque.
ARISTOMÈNE, prince de Messène.
THÉOCLE, prince de Pyle.
AGLANTE, cousine de la princesse.
CYNTHIE, cousine de la princesse.
ARBATE, gouverneur du prince d'Ithaque.
PHILIS, suivante de la princesse.
MORON, plaisant de la princesse.
LYCAS, suivant d'Iphitas.

PERSONNAGES DES INTERMÈDES.

PREMIER INTERMÈDE.

MORON.
CHASSEURS, dansants.

SECOND INTERMÈDE.

PHILIS.
MORON.
UN SATYRE, chantant.
SATYRES, dansants.

PERSONNAGES.

TROISIÈME INTERMÈDE.

PHILIS.
TIRCIS, berger chantant.
MORON.

QUATRIÈME INTERMÈDE.

LA PRINCESSE.
PHILIS.
CLIMÈNE.

CINQUIÈME INTERMÈDE.

BERGERS et BERGÈRES, chantants.
BERGERS et BERGÈRES, dansants.

La scène est en Élide.

PROLOGUE.

SCÈNE I.

L'AURORE ; LYCISCAS, et plusieurs autres VALETS DE CHIENS, endormis et couchés sur l'herbe.

L'AURORE chante.

Quand l'Amour à vos yeux offre un choix agréable,
  Jeunes beautés, laissez-vous enflammer ;
Moquez-vous d'affecter cet orgueil indomtable
  Dont on vous dit qu'il est beau de s'armer :
    Dans l'âge où l'on est aimable
    Rien n'est si beau que d'aimer.
Soupirez librement pour un amant fidèle,
  Et bravez ceux qui voudroient vous blâmer.
Un cœur tendre est aimable, et le nom de cruelle
  N'est pas un nom à se faire estimer :
    Dans le temps où l'on est belle
    Rien n'est si beau que d'aimer.

SCÈNE II.

LYCISCAS, et plusieurs VALETS DE CHIENS, endormis ; TROIS VALETS DE CHIENS, chantants, réveillés par le récit de l'Aurore.

TOUS TROIS ENSEMBLE chantent.

Hola ! holà ! Debout, debout, debout.
Pour la chasse ordonnée il faut préparer tout.
  Holà ho, debout, vite debout.

PROLOGUE.

PREMIER.
Jusqu'aux plus sombres lieux le jour se communique.
DEUXIÈME.
L'air sur les fleurs en perles se résout.
TROISIÈME.
Les rossignols commencent leur musique,
Et leurs petits concerts retentissent partout.
TOUS TROIS ENSEMBLE.
Sus, sus, debout, vite debout.
(A Lyciscas endormi.)
Qu'est-ce ci, Lyciscas! Quoi? tu ronfles encore,
Toi, qui promettois tant de devancer l'aurore!
Allons, debout, vite debout.
Pour la chasse ordonnée il faut préparer tout.
Debout, vite debout; dépêchons, ho, debout,
LYCISCAS, en s'éveillant.
Par la morbleu! vous êtes de grands braillards, vous autres, et vous avez la gueule ouverte de bon matin.
TOUS TROIS ENSEMBLE.
Ne vois-tu pas le jour qui se répand partout?
Allons, debout; Lyciscas, debout.
LYCISCAS.
Hé! laissez-moi dormir encore un peu, je vous conjure.
TOUS TROIS ENSEMBLE.
Non, non, debout; Lyciscas, debout.
LYCISCAS.
Je ne vous demande plus qu'un petit quart d'heure.
TOUS TROIS ENSEMBLE.
Point, point, debout, vite debout.

PROLOGUE.

LYCISCAS.

Hé ! je vous prie.

TOUS TROIS ENSEMBLE.

Debout.

LYCISCAS.

Un moment.

TOUS TROIS ENSEMBLE.

Debout.

LYCISCAS.

De grâce.

TOUS TROIS ENSEMBLE.

Debout.

LYCISCAS.

Hé !

TOUS TROIS ENSEMBLE.

Debout.

LYCISCAS.

Je...

TOUS TROIS ENSEMBLE.

Debout.

LYCISCAS.

J'aurai fait incontinent.

TOUS TROIS ENSEMBLE.

Non, non, debout ; Lyciscas, debout.
Pour la chasse ordonnée, il faut préparer tout.
Vite debout, dépêchons, debout.

LYCISCAS.

Hé bien ! laissez-moi, je vais me lever. Vous êtes d'étranges gens de me tourmenter comme cela ! Vous serez cause que je ne me porterai pas bien de toute la journée : car, voyez-vous, le sommeil est nécessaire à l'homme ; et lorsqu'on ne dort pas sa réfection (*), il arrive que... on n'est...

(Il se rendort.)

PREMIER.

Lyciscas.

DEUXIÈME.

Lyciscas.

TROISIÈME.

Lyciscas.

TOUS TROIS ENSEMBLE.

Lyciscas.

LYCISCAS.

Diable soient les brailleurs ! Je voudrois que vous eussiez la gueule pleine de bouillie bien chaude.

TOUS TROIS ENSEMBLE.

Debout, debout.
Vite debout, dépêchons, debout.

LYCISCAS.

Ah ! quelle fatigue de ne pas dormir son soûl !

PREMIER.

Holà ! ho !

DEUXIÈME.

Holà ! ho !

TROISIÈME.

Holà ! ho !

TOUS TROIS ENSEMBLE.

Ho ! ho ! ho !

LYCISCAS.

(*) *Sa réfection*, c'est-à-dire assez pour se refaire. On disoit autrefois la *réfection d'un bâtiment*, en parlant de sa réparation.

PROLOGUE.

Ho ! ho ! La peste soit des gens avec leurs chiens de hurlements ! je me donne au diable si je ne vous assomme. Mais voyez un peu quel diable d'enthousiasme il leur prend de me venir chanter aux oreilles comme cela. Je...

TOUS TROIS ENSEMBLE.

Debout.

LYCISCAS.

Encore !

TOUS TROIS ENSEMBLE.

Debout.

LYCISCAS.

Le diable vous emporte !

TOUS TROIS ENSEMBLE.

Debout.

LYCISCAS, *en se levant.*

Quoi ! toujours ! A-t-on jamais vu une pareille furie de chanter ? Par la sambleu ! j'enrage. Puisque me voilà éveillé, il faut que j'éveille les autres, et que je les tourmente comme on m'a fait. Allons, ho, messieurs, debout, debout, vite ; c'est trop dormir. Je vais faire un bruit du diable partout. (*Il crie de toute sa force.*) Debout, debout, debout. Allons vite, ho, ho, ho, debout, debout. Pour la chasse ordonnée il faut préparer tout. Debout, debout, Lyciscas, debout. Ho, ho, ho, ho, ho.

(Plusieurs cors et trompes de chasse se font entendre ; les valets de chiens que Lyciscas a réveillés dansent une entrée.)

LA PRINCESSE D'ÉLIDE.

ACTE PREMIER.

SCÈNE I.
EURYALE, ARBATE.

ARBATE.

Ce silence rêveur dont la sombre habitude
Vous fait à tous moments chercher la solitude,
Ces longs soupirs que laisse échapper votre cœur,
Et ces fixes regards si chargés de langueur,
Disent beaucoup sans doute à des gens de mon âge;
Et je pense, seigneur, entendre ce langage :
Mais, sans votre congé, de peur de trop risquer,
Je n'ose m'enhardir jusques à l'expliquer.

EURYALE.

Explique, explique, Arbate, avec toute licence
Ces soupirs ces regards, et ce morne silence.
Je te permets ici de dire que l'amour
M'a rangé sous ses lois, et me brave à son tour;
Et je consens encor que tu me fasses honte
Des foiblesses d'un cœur qui souffre qu'on le dompte.

ARBATE.

Moi, vous blâmer, seigneur, des tendres mouvements
Où je vois qu'aujourd'hui penchent vos sentiments!

Le chagrin des vieux jours ne peut aigrir mon âme
Contre les doux transports de l'amoureuse flamme ;
Et, bien que mon sort touche à ses derniers soleils,
Je dirai que l'amour sied bien à vos pareils,
Que ce tribut qu'on rend aux traits d'un beau visage
De la beauté d'une âme est un clair témoignage,
Et qu'il est malaisé que, sans être amoureux,
Un jeune prince soit et grand et généreux.
C'est une qualité que j'aime en un monarque :
La tendresse du cœur est une grande marque
Que d'un prince à votre âge on peut tout présumer,
Dès qu'on voit que son âme est capable d'aimer.
Oui, cette passion, de toutes la plus belle,
Traîne dans un esprit cent vertus après elle,
Aux nobles actions elle pousse les cœurs,
Et tous les grands héros ont senti ses ardeurs.
Devant mes yeux, seigneur, a passé votre enfance,
Et j'ai de vos vertus vu fleurir l'espérance ;
Mes regards observoient en vous des qualités
Où je reconnoissois le sang d'où vous sortez ;
J'y découvrois un fonds d'esprit et de lumière ;
Je vous trouvois bien fait, l'air grand, et l'âme fière :
Votre cœur, votre adresse, éclatoient chaque jou :
Mais je m'inquiétois de ne point voir d'amour.
Et, puisque les langueurs d'une plaie invincible
Nous montrent que votre âme à ses traits est sensible,
Je triomphe ; et mon cœur, d'allégresse rempli,
Vous regarde à présent comme un prince accompli.

EURYALE.

Si de l'Amour un temps j'ai bravé la puissance,
Hélas! mon cher Arbate, il en prend bien vengeance;
Et, sachant dans quels maux mon cœur s'est abîmé,

ACTE I, SCÈNE I.

Toi-même tu voudrois qu'il n'eût jamais aimé.
Car enfin, vois le sort où mon astre me guide,
J'aime, j'aime ardemment la princesse d'Élide,
Et tu sais quel orgueil, sous des traits si charmants,
Arme contre l'amour ses jeunes sentiments,
Et comment elle fuit en cette illustre fête
Cette foule d'amants qui briguent sa conquête.
Ah! qu'il est bien peu vrai que ce qu'on doit aimer,
Aussitôt qu'on le voit, prend droit de nous charmer,
Et qu'un premier coup d'œil allume en nous les
                                 flammes
Où le ciel en naissant a destiné nos âmes !
A mon retour d'Argos je passai dans ces lieux,
Et ce passage offrit la princesse à mes yeux ;
Je vis tous les appas dont elle est revêtue,
Mais de l'œil dont on voit une belle statue :
Leur brillante jeunesse observée à loisir
Ne porta dans mon âme aucun secret désir ;
Et d'Ithaque en repos je revis le rivage,
Sans m'en être en deux ans rappelé nulle image.
Un bruit vient cependant à répandre à ma cour
Le célèbre mépris qu'elle fait de l'amour ;
On publie en tous lieux que son âme hautaine
Garde pour l'hyménée une invincible haine,
Et qu'un arc à la main, sur l'épaule un carquois,
Comme une autre Diane elle hante les bois,
N'aime rien que la chasse, et de toute la Grèce
Fait soupirer en vain l'héroïque jeunesse.
Admire nos esprits, et la fatalité !
Ce que n'avoient point fait sa vue et sa beauté,
Le bruit de ses fiertés en mon âme fit naître

Un transport inconnu dont je ne fus point maître :
Ce dédain si fameux eut des charmes secrets
A me faire avec soin rappeler tous ses traits ;
Et mon esprit, jetant de nouveaux yeux sur elle,
M'en refit une image et si noble et si belle,
Me peignit tant de gloire et de telles douceurs
A pouvoir triompher de toutes ses froideurs,
Que mon cœur, aux brillants d'une telle victoire,
Vit de sa liberté s'évanouir la gloire :
Contre une telle amorce il eut beau s'indigner,
Sa douceur sur mes sens prit tel droit de régner,
Qu'entraîné par l'effort d'une occulte puissance,
J'ai d'Ithaque en ces lieux fait voile en diligence;
Et je couvre un effet de mes vœux enflammés
Du désir de paroître à ces jeux renommés
Où l'illustre Iphitas, père de la princesse,
Assemble la plupart des princes de la Grèce.

ARBATE.

Mais à quoi bon, seigneur, les soins que vous prenez?
Et pourquoi ce secret où vous vous obstinez ?
Vous aimez, dites-vous, cette illustre princesse,
Et venez à ses yeux signaler votre adresse ;
Et nuls empressements, paroles ni soupirs,
Ne l'ont instruite encor de vos brûlants désirs ?
Pour moi, je n'entends rien à cette politique
Qui ne veut point souffrir que votre cœur s'explique;
Et je ne sais quel fruit peut prétendre un amour
Qui fuit tous les moyens de se produire au jour.

EURYALE.

Et que ferai-je, Arbate, en déclarant ma peine,
Qu'attirer les dédains de cette âme hautaine,

ACTE I, SCÈNE I.

Et me jeter au rang de ces princes soumis
Que le titre d'amants lui peint en ennemis ?
Tu vois les souverains de Messène et de Pyle
Lui faire de leurs cœurs un hommage inutile,
Et de l'éclat pompeux des plus hautes vertus
En appuyer en vain les respects assidus :
Ce rebut de leurs soins sous un triste silence
Retient de mon amour toute la violence ;
Je me tiens condamné dans ces rivaux fameux,
Et je lis mon arrêt au mépris qu'on fait d'eux.

ARBATE.

Et c'est dans ce mépris et dans cette humeur fière
Que votre âme à ses vœux doit voir plus de lumière,
Puisque le sort vous donne à conquérir un cœur
Que défend seulement une simple froideur,
Et qui n'oppose point à l'ardeur qui vous presse
De quelque attachement l'invincible tendresse.
Un cœur préoccupé résiste puissamment :
Mais quand une âme est libre, on la force aisément;
Et toute la fierté de son indifférence
N'a rien dont ne triomphe un peu de patience.
Ne lui cachez donc plus le pouvoir de ses yeux,
Faites de votre flamme un éclat glorieux ;
Et, bien loin de trembler de l'exemple des autres,
Du rebut de leurs vœux enflez l'espoir des vôtres.
Peut-être, pour toucher ses sévères appas,
Aurez-vous des secrets que ces princes n'ont pas :
Et, si de ses fiertés l'impérieux caprice
Ne vous fait éprouver un destin plus propice,
Au moins est-ce un bonheur, en ces extrémités,
Que de voir avec soi ses rivaux rebutés.

EURYALE.

J'aime à te voir presser cet aveu de ma flamme ;
Combattant mes raisons, tu chatouilles mon âme ;
Et par ce que j'ai dit je voulois pressentir
Si de ce que j'ai fait tu pourrois m'applaudir.
Car enfin, puisqu'il faut t'en faire confidence,
On doit à la princesse expliquer mon silence ;
Et peut-être, au moment où je t'en parle ici,
Le secret de mon cœur, Arbate, est éclairci.
Cette chasse où, pour fuir la foule qui l'adore,
Tu sais qu'elle est allée au lever de l'aurore,
Est le temps que Moron, pour déclarer mon feu,
A pris.

ARBATE.

Moron, seigneur!

EURYALE.

Ce choix t'étonne un peu.
Par son titre de fou tu crois le bien connoître :
Mais sache qu'il l'est moins qu'il ne le veut paroître,
Et que, malgré l'emploi qu'il exerce aujourd'hui,
Il a plus de bon sens que tel qui rit de lui.
La princesse se plaît à ses bouffonneries :
Il s'en est fait aimer par cent plaisanteries,
Et peut dans cet accès, dire et persuader
Ce que d'autres que lui n'oseroient hasarder.
Je le vois propre enfin à ce que j'en souhaite ;
Il a pour moi, dit-il, une amitié parfaite,
Et veut, dans mes États ayant reçu le jour,
Contre tous mes rivaux appuyer mon amour.
Quelque argent mis en main pour soutenir ce zèle...

SCÈNE II.

EURYALE, ARBATE, MORON.

MORON, *derrière le théâtre.*

Au secours ! Sauvez-moi de la bête cruelle !

EURYALE.

Je pense ouïr sa voix.

MORON, *derrière le théâtre.*

A moi, de grâce, à moi !

EURYALE.

C'est lui-même. Où court-il avec un tel effroi ?

MORON, *entrant sans voir personne.*

Où pourrois-je éviter ce sanglier redoutable ?
Grands dieux, préservez-moi de sa dent effroyable !
Je vous promets, pourvu qu'il ne m'attrape pas,
Quatre livres d'encens et deux veaux des plus gras.

(*Rencontrant Euryale, que dans sa frayeur il prend pour le sanglier qu'il évite.*)

Ah ! je suis mort.

EURYALE.

Qu'as-tu ?

MORON.

Je vous croyois la bête.
Dont à me diffamer (*) j'ai vu la gueule prête,
Seigneur ; et je ne puis revenir de ma peur.

EURYALE.

Qu'est-ce ?

―――――――――――――――

(*) Suivant tous les dictionnaires, *diffamer* ne peut signifier qu'enlever ou *détruire la réputation.* Molière a forcé le sens de ce mot.

MORON.

Oh! que la princesse est d'une étrange humeur,
Et qu'à suivre la chasse et ses extravagances
Il nous faut essuyer de sottes complaisances !
Quel diable de plaisir trouvent tous les chasseurs
De se voir exposés à mille et mille peurs ?
Encore si c'étoit qu'on ne fût qu'à la chasse
Des lièvres, des lapins, et des jeunes daims, passe :
Ce sont des animaux d'un naturel fort doux,
Et qui prennent toujours la fuite devant nous.
Mais d'aller attaquer de ces bêtes vilaines
Qui n'ont aucun respect pour les faces humaines,
Et qui courent les gens qui les veulent courir,
C'est un sot passe-temps que je ne puis souffrir.

EURYALE.

Dis-nous donc ce que c'est.

MORON.

           Le pénible exercice
Où de notre princesse a volé le caprice !
J'en aurois bien juré qu'elle auroit fait le tour ;
Et, la course des chars se faisant en ce jour,
Il falloit affecter ce contre-temps de chasse
Pour mépriser ces jeux avec meilleure grâce,
Et faire voir... Mais chut. Achevons mon récit,
Et reprenons le fil de ce que j'avois dit.
Qu'ai-je dit ?

EURYALE.

    Tu parlois d'exercice pénible.

MORON.

Ah! oui. Succombant donc à ce travail horrible,
Car en chasseur fameux j'étois enharnaché,

Et dès le point du jour je m'étois découché,
Je me suis écarté de tous en galant homme ;
Et, trouvant un lieu propre à dormir d'un bon
somme,
J'essayois ma posture, et, m'ajustant bientôt,
Prenois déjà mon ton pour ronfler comme il faut,
Lorsqu'un murmure affreux m'a fait lever la vue,
Et j'ai d'un vieux buisson de la forêt touffue
Vu sortir un sanglier d'un énorme grandeur
Pour...

EURYALE.

Qu'est-ce ?

MORON.

Ce n'est rien. N'ayez point de frayeur :
Mais laissez-moi passer entre vous deux, pour cause,
Je serai mieux en main pour vous conter la chose.
J'ai donc vu ce sanglier qui par nos gens chassé,
Avoit, d'un air affreux, tout son poil hérissé ;
Ses deux yeux flamboyants ne lançoient que menace,
Et sa gueule faisoit une laide grimace,
Qui, parmi de l'écume, à qui l'osoit presser
Montroit de certains crocs... je vous laisse à penser.
A ce terrible aspect, j'ai ramassé mes armes ;
Mais le faux animal, sans en prendre d'alarmes,
Est venu droit à moi qui ne lui disois mot.

ARBATE.

Et tu l'as de pied ferme attendu ?

MORON.

Quelque sot...
J'ai jeté tout par terre, et couru comme quatre.

ARBATE.

Fuir devant un sanglier, ayant de quoi l'abattre !
Ce trait, Moron, n'est pas généreux.

MORON.

J'y consens.
Il n'est pas généreux, mais il est de bon sens.

ARBATE.

Mais par quelques exploits si l'on ne s'éternise...

MORON.

Je suis votre valet. J'aime mieux que l'on dise,
C'est ici qu'en fuyant sans se faire prier
Moron sauva ses jours des fureurs d'un sanglier,
Que si l'on y disoit : Voilà l'illustre place
Où le brave Moron, d'un héroïque audace
Affrontant d'un sanglier l'impétueux effort,
Par un coup de ses dents vit terminer son sort.

EURYALE.

Fort bien.

MORON.

Oui, j'aime mieux, n'en déplaise à la gloire,
Vivre au monde deux jours que mille ans dans
l'histoire.

EURYALE.

En effet, ton trépas fâcheroit tes amis.
Mais, si de ta frayeur ton esprit est remis,
Puis-je te demander si du feu qui me brûle...?

MORON.

Il ne faut pas, seigneur, que je vous dissimule ;
Je n'ai rien fait encore, et n'ai point rencontré
De temps pour lui parler qui fût selon mon gré.

L'office de bouffon a des prérogatives ;
Mais souvent on rabat nos libres tentatives.
Le discours de vos feux est un peu délicat,
Et c'est chez la princesse une affaire d'État.
Vous savez de quel titre elle se glorifie,
Et qu'elle a dans la tête une philosophie
Qui déclare la guerre au conjugal lien,
Et vous traite l'amour de déité de rien.
Pour n'effaroucher point son humeur de tigresse,
Il me faut manier la chose avec adresse ;
Car on doit regarder comme l'on parle aux grands,
Et vous êtes parfois d'assez fâcheuses gens.
Laissez-moi doucement conduire cette trame.
Je me sens là pour vous un zèle tout de flamme.
Vous êtes né mon prince, et quelques autres nœuds
Pourroient contribuer au bien que je vous veux :
Ma mère dans son temps passoit pour être belle,
Et naturellement n'étoit pas fort cruelle ;
Feu votre père alors, ce prince généreux,
Sur la galanterie étoit fort dangereux ;
Et je sais qu'Elpénor, qu'on appeloit mon père,
A cause qu'il étoit le mari de ma mère,
Contoit pour grand honneur aux pasteurs d'au-
                                        jourd'hui,
Que le prince autrefois étoit venu chez lui,
Et que, durant ce temps, il avoit l'avantage
De se voir saluer de tous ceux du village.
Baste. Quoi qu'il en soit, je veux par mes travaux...
Mais voici la princesse et deux de nos rivaux.

SCÈNE III.

LA PRINCESSE, AGLANTE, CYN-
THIE, ARISTOMÈNE, THÉOCLE,
EURYALE, PHILIS, ARBATE, MO-
RON.

ARISTOMÈNE.

Reprochez-vous, madame, à nos justes alarmes
Ce péril dont tous deux avons sauvé vos charmes?
J'aurois pensé, pour moi, qu'abattre sous nos coups
Ce sanglier qui portoit sa fureur jusqu'à vous
Étoit une aventure, ignorant votre chasse,
Dont à nos bons destins nous dussions rendre grâce;
Mais à cette froideur je connois clairement
Que je dois concevoir un autre sentiment,
Et quereller du sort la fatale puissance
Qui me fait avoir part à ce qui vous offense.

THÉOCLE.

Pour moi, je tiens, madame, à sensible bonheur
L'action où pour vous a volé tout mon cœur,
Et ne puis consentir, malgré votre murmure,
A quereller le sort d'une telle aventure.
D'un objet odieux je sais que tout déplaît;
Mais, dût votre courroux être plus grand qu'il n'est,
C'est extrême plaisir, quand l'amour est extrême,
De pouvoir d'un péril affranchir ce qu'on aime.

LA PRINCESSE.

Et pensez-vous, seigneur, puisqu'il me faut parler,
Qu'il eût eu, ce péril, de quoi tant m'ébranler;
Que l'arc et que le dard, pour moi si pleins de
charmes,

ACTE I, SCÈNE III.

Ne soient entre mes mains que d'inutiles armes ;
Et que je fasse enfin mes plus fréquents emplois
De parcourir nos monts, nos plaines et nos bois,
Pour n'oser en chassant concevoir l'espérance
De suffire moi seule à ma propre défense ?
Certes, avec le temps, j'aurois bien profité
De ces soins assidus dont je fais vanité,
S'il falloit que mon bras, dans une telle quête,
Ne pût pas triompher d'une chétive bête !
Du moins, si, pour prétendre à de sensibles coups,
Le commun de mon sexe est trop mal avec vous,
D'un étage plus haut accordez-moi la gloire,
Et me faites tous deux cette grâce de croire,
Seigneurs, que, quel que fût le sanglier d'au-
         jourd'hui,
J'en ai mis bas, sans vous, de plus méchants que
         lui.

THÉOCLE.

Mais, madame...

LA PRINCESSE.

    Hé bien ! soit. Je vois que votre envie
Est de persuader que je vous dois la vie ;
J'y consens. Oui, sans vous c'étoit fait de mes jours.
Je rends de tout mon cœur grâce à ce grand secours,
Et je vais de ce pas au prince pour lui dire
Les bontés que pour moi votre amour vous inspire.

SCÈNE IV.
EURYALE, ARBATE, MORON.

MORON.

Eh ! a-t-on jamais vu de plus farouche esprit ?
De ce vilain sanglier l'heureux trépas l'aigrit.

Oh ! comme volontiers j'aurois d'un beau salaire
Récompensé tantôt qui m'en eût su défaire !

ARBATE, à Euryale.

Je vous vois tout pensif, seigneur, de ses dédains;
Mais ils n'ont rien qui doive empêcher vos desseins.
Son heure doit venir ; et c'est à vous, possible,
Qu'est réservé l'honneur de la rendre sensible.

MORON.

Il faut qu'avant la course elle apprenne vos feux :
Et je...

EURYALE.

Non, ce n'est plus, Moron, ce que je veux ;
Garde-toi de rien dire, et me laisse un peu faire :
J'ai résolu de prendre un chemin tout contraire.
Je vois trop que son cœur s'obstine à dédaigner
Tous ces profonds respects qui pensent la gagner ;
Et le dieu qui m'engage à soupirer pour elle
M'inspire pour la vaincre une adresse nouvelle.
Oui, c'est lui d'où me vient ce soudain mouvement;
Et j'en attends de lui l'heureux événement.

ARBATE.

Peut-on savoir, seigneur, par où votre espérance...?

EURYALE.

Tu le vas voir. Allons , et garde le silence.

MORON.

Jusqu'au revoir.

FIN DU PREMIER ACTE.

PREMIER INTERMÈDE.
SCÈNE I.

MORON.

Pour moi je reste ici, et j'ai une petite conversation à faire avec ces arbres et ces rochers.

Bois, prés, fontaines, fleurs, qui voyez mon teint blême,
Si vous ne le savez pas, je vous apprends que j'aime.
  Philis est l'objet charmant
  Qui tient mon cœur à l'attache ;
  Et je devins son amant
  La voyant traire une vache.
Ses doigts, tout pleins de lait, et plus blancs mille fois,
Pressoient les bouts du pis d'une grâce admirable.
  Ouf ! cette idée est capable
  De me réduire aux abois.
  Ah ! Philis ! Philis ! Philis !

SCÈNE II.
MORON, UN ÉCHO.

L'ÉCHO.

Philis !

MORON.

Ah !

L'ÉCHO.

Ah !

MORON.

Hem.

L'ÉCHO.

Hem.

MORON.

Ha, ha.

L'ÉCHO.

Ha.

MORON.

Hi, hi.

L'ÉCHO.

Hi.

MORON.

Oh.

L'ÉCHO.

Oh.

MORON.

Oh.

L'ÉCHO.

Oh.

MORON.

Voilà un écho qui est bouffon.

L'ÉCHO.

On.

MORON.

Hon.

L'ÉCHO.

Hou.

MORON.

Ha.

L'ÉCHO.

Ha.

MORON.

Hu.

L'ÉCHO.

Hu.

MORON.

Voilà un écho qui est bouffon.

SCÈNE III.

MORON, apercevant un ours qui vient à lui.

Ah ! monsieur l'ours, je suis votre serviteur de tout mon cœur. De grâce, épargnez-moi ; je vous assure que je ne vaux rien du tout à manger ; je n'ai que la peau et les os, et je vois de certaines gens là-bas qui feroient bien mieux votre affaire. Hé, hé, hé, monseigneur, tout doux, s'il vous plaît.

(Il caresse l'ours, et tremble de frayeur.)

La, la, la, la. Ah ! monseigneur, que votre altesse est jolie et bien faite ! Elle a tout-à-fait l'air galant et la taille la plus mignonne du monde. Ah ! beau poil ! belle tête ! beaux yeux brillants et bien fendus ! Ah ! beau petit nez ! belle petite bouche ! petites quenottes jolies ! Ah ! belle gorge ! belles petites menottes ! petits ongles bien faits !

(L'ours se lève sur ses pattes de derrière.)

A l'aide ! au secours ! je suis mort ! Miséricorde ! Pauvre Moron ! Ah ! mon Dieu ! Hé ! vite ! à moi ! je suis perdu !

(Moron monte sur un arbre.)

SCÈNE IV.
MORON, CHASSEURS.

MORON, monté sur un arbre, aux chasseurs.

Hé ! messieurs, ayez pitié de moi.

(Les chasseurs combattent l'ours.)

Bon, messieurs ! tuez-moi ce vilain animal-là. O ciel, daigne les assister ! Bon ! le voilà qui fuit. Le voilà qui s'arrête, et qui se jette sur eux. Bon! en voilà un qui vient de lui donner un coup dans la gueule. Les voilà tous à l'entour de lui. Courage, ferme, allons, mes amis! Bon! poussez fort! Encore! Ah! le voilà qui est à terre ; c'en est fait, il est mort. Descendons maintenant pour lui donner cent coups.

(Moron descend de l'arbre.)

Serviteur, messieurs ; je vous rends grâce de m'avoir délivré de cette bête. Maintenant que vous l'avez tuée, je m'en vais l'achever, et en triompher avec vous.

(Moron donne mille coups à l'ours qui est mort.)

ENTRÉE DU BALLET.

Les chasseurs dansent pour témoigner leur joie d'avoir remporté la victoire.

FIN DU PREMIER INTERMÈDE.

ACTE SECOND.

SCÈNE I.
LA PRINCESSE, AGLANTE, CYN-THIE, PHILIS.

LA PRINCESSE.

Oui, j'aime à demeurer dans ces paisibles lieux ;
On n'y découvre rien qui n'enchante les yeux,
Et de tous nos palais la savante structure
Cède aux simples beautés qu'y forme la nature.
Ces arbres, ces rochers, cette eau, ces gazons frais,
Ont pour moi des appas à ne lasser jamais.

AGLANTE.

Je chéris comme vous ces retraites tranquilles
Où l'on vient se sauver de l'embarras des villes :
De mille objets charmants ces lieux sont embellis ;
Et ce qui doit surprendre, est qu'aux portes d'Élis
La douce passion de fuir la multitude
Rencontre une si belle et vaste solitude.
Mais, à vous dire vrai, dans ces jours éclatants,
Vos retraites ici me semblent hors de temps ;
Et c'est fort mal traiter l'appareil magnifique
Que chaque prince a fait pour la fête publique.
Ce spectacle pompeux de la course des chars
Devroit bien mériter l'honneur de vos regards.

LA PRINCESSE.

Quel droit ont-ils chacun d'y vouloir ma présence ?
Et que dois-je, après tout, à leur magnificence ?
Ce sont soins que produit l'ardeur de m'acquérir,
Et mon cœur est le prix qu'ils veulent tous courir.
Mais, quelque espoir qui flatte un projet de la sorte,
Je me tromperois fort, si pas un d'eux l'emporte.

CYNTHIE.

Jusques à quand ce cœur veut-il s'effaroucher
Des innocents desseins qu'on a de le toucher,
Et regarder les soins que pour vous on se donne
Comme autant d'attentats contre votre personne ?
Je sais qu'en défendant le parti de l'amour
On s'expose chez vous à faire mal sa cour :
Mais ce que par le sang j'ai l'honneur de vous être
S'oppose aux duretés que vous faites paroître ;
Et je ne puis nourrir d'un flatteur entretien
Vos résolutions de n'aimer jamais rien.
Est-il rien de plus beau que l'innocente flamme
Qu'un mérite éclatant allume dans une âme ?
Et seroit-ce un bonheur de respirer le jour,
Si d'entre les mortels on bannissoit l'amour ?
Non, non, tous les plaisirs se goûtent à le suivre ;
Et vivre sans aimer n'est pas proprement vivre.

AGLANTE.

Pour moi, je tiens que cette passion est la plus agréable affaire de la vie ; qu'il est nécessaire

---

Le dessein de l'auteur étoit de traiter toute la comédie en vers: mais un commandement du roi, qui pressa cette affaire, l'obligea d'achever le reste en prose, et de passer légèrement sur plusieurs scènes qu'il auroit étendues davantage, s'il avoit eu plus de loisir.

d'aimer pour vivre heureusement ; et que tous les plaisirs sont fades, s'il ne s'y mêle un peu d'amour.

LA PRINCESSE.

Pouvez-vous bien toutes deux, étant ce que vous êtes, prononcer ces paroles ? et ne devez-vous pas rougir d'appuyer une passion qui n'est qu'erreur, que foiblesse et qu'emportement, et dont tous les désordres ont tant de répugnance avec la gloire de notre sexe ? J'en prétends soutenir l'honneur jusqu'au dernier moment de ma vie, et ne veux point du tout me commettre à ces gens qui font les esclaves auprès de nous pour devenir un jour nos tyrans. Toutes ces larmes, tous ces soupirs, tous ces hommages, tous ces respects, sont des embûches qu'on tend à notre cœur, et qui souvent l'engagent à commettre des lâchetés. Pour moi, quand je regarde certains exemples et les bassesses épouvantables où cette passion ravale les personnes sur qui elle étend sa puissance, je sens tout mon cœur qui s'émeut ; et je ne puis souffrir qu'une âme qui fait profession d'un peu de fierté ne trouve pas une honte horrible à de telles foiblesses.

CYNTHIE.

Hé ! madame, il est de certaines foiblesses qui ne sont point honteuses, et qu'il est beau même d'avoir dans les plus hauts degrés de gloire. J'espère que vous changerez un jour de pensée ; et, s'il plaît au ciel, nous verrons votre cœur, avant qu'il soit peu...

LA PRINCESSE.

Arrêtez, n'achevez pas ce souhait étrange : j'ai une horreur trop invincible pour ces sortes d'abaissements ; et, si jamais j'étois capable d'y descendre, je serois personne, sans doute, à ne me le point pardonner.

AGLANTE.

Prenez garde, madame : l'Amour sait se venger des mépris que l'on fait de lui ; et peut-être...

LA PRINCESSE.

Non, non : je brave tous ses traits ; et le grand pouvoir qu'on lui donne n'est rien qu'une chimère et qu'une excuse des foibles cœurs, qui le font invincible pour autoriser leur foiblesse.

CYNTHIE.

Mais enfin toute la terre reconnoît sa puissance, et vous voyez que les dieux mêmes sont assujétis à son empire. On nous fait voir que Jupiter n'a pas aimé pour une fois, et que Diane même, dont vous affectez tant l'exemple, n'a pas rougi de pousser des soupirs d'amour.

LA PRINCESSE.

Les croyances publiques sont toujours mêlées d'erreurs. Les dieux ne sont point faits comme se les fait le vulgaire : et c'est leur manquer de respect que de leur attribuer les foiblesses des hommes.

SCÈNE II.

LA PRINCESSE, AGLANTE, CYNTHIE, PHILIS, MORON.

AGLANTE.

Viens, approche, Moron; viens nous aider à défendre l'Amour contre les sentiments de la princesse.

LA PRINCESSE.

Voilà votre parti fortifié d'un grand défenseur !

MORON.

Ma foi, madame, je crois qu'après mon exemple il n'y a plus rien à dire, et qu'il ne faut plus mettre en doute le pouvoir de l'Amour. J'ai bravé ses armes assez long-temps, et fait de mon drôle comme un autre : mais enfin ma fierté a baissé l'oreille, et vous avez une traîtresse (il montre Philis) qui m'a rendu plus doux qu'un agneau. Après cela on ne doit plus faire aucun scrupule d'aimer ; et puisque j'ai bien passé par-là, il peut bien y en passer d'autres.

CYNTHIE.

Quoi ! Moron se mêle d'aimer !

MORON.

Fort bien.

CYNTHIE.

Et de vouloir être aimé !

MORON.

Et pourquoi non ? Est-ce qu'on n'est pas assez bien fait pour cela ? Je pense que ce visage est assez passable, et que, pour le bel air, Dieu merci, nous ne le cédons à personne.

CYNTHIE.

Sans doute, on auroit tort...

SCÈNE III.

LA PRINCESSE, AGLANTE, CYNTHIE, PHILIS, MORON, LYCAS.

LYCAS.

Madame, le prince votre père vient vous trouver ici, et conduit avec lui les princes de Pyle et d'Ithaque, et celui de Messène.

LA PRINCESSE.

O ciel! que prétend-il faire en me les amemenant? Auroit-il résolu ma perte? et voudroit-il bien me forcer au choix de quelqu'un d'eux?

SCÈNE IV.

IPHITAS, EURYALE, ARISTOMÈNE, THÉOCLE, LA PRINCESSE, AGLANTE, CYNTHIE, PHILIS, MORON.

LA PRINCESSE, à Iphitas.

Seigneur, je vous demande la licence de prévenir par deux paroles la déclaration des pensées que vous pouvez avoir. Il y a deux vérités, seigneur, aussi constante l'une que l'autre, et dont je puis vous assurer également : l'une, que vous avez un absolu pouvoir sur moi, et que vous ne sauriez m'ordonner rien où je ne réponde aussitôt par une obéissance aveugle ; l'autre, que je regarde l'hyménée ainsi que le trépas, et qu'il m'est impossible de forcer cette aversion naturelle. Me donner un mari, et me donner la mort, c'est une même chose ; mais votre volonté va la première, et mon obéissance m'est bien plus chère que ma vie. Après cela, parlez, seigneur, prononcez librement ce que vous voulez.

IPHITAS.

Ma fille, tu as tort de prendre de telles alarmes ; et je me plains de toi, qui peux mettre dans ta pensée que je sois assez mauvais père pour vouloir faire violence à tes sentiments et me servir tyranniquement de la puissance que le ciel me donne sur toi. Je souhaite, à la vérité, que ton cœur puisse aimer quelqu'un. Tous mes vœux seroient satisfaits, si cela pouvoit arriver ; et je n'ai proposé les fêtes et les jeux que je fais célébrer ici qu'afin d'y pouvoir attirer tout ce que la Grèce a d'illustre, et que parmi cette noble jeunesse tu puisses enfin rencontrer où arrêter tes yeux et déterminer tes pensées. Je ne demande, dis-je, au ciel, autre bonheur que de te voir un époux. J'ai, pour obtenir cette grâce, fait encore ce matin un sacrifice à Vénus ; et, si je sais bien expliquer le langage des dieux, elle m'a promis un miracle. Mais, quoi qu'il en soit, je veux en user avec toi en père qui chérit sa fille. Si tu trouves où attacher tes vœux, ton choix sera le mien, et je ne considérerai ni intérêt d'État, ni avantages d'alliance ; si ton cœur demeure insensible, je n'entreprendrai point de le forcer : mais au moins sois complaisante aux civilités qu'on te rend, et ne m'oblige point à faire les excuses de ta froideur ; traite ces princes avec l'estime que tu leur dois ; reçois avec reconnoissance les témoignages de leur zèle, et viens voir cette course où leur adresse va paroître.

THÉOCLE, à la princesse.

Tout le monde va faire des efforts pour remporter le prix de cette course ; mais, à vous dire vrai, j'ai peu d'ardeur pour la victoire, puisque ce n'est pas votre cœur qu'on y doit disputer.

ARISTOMÈNE.

Pour moi, madame, vous êtes le seul prix que je me propose partout. C'est vous que je crois disputer dans ces combats d'adresse ; et je n'aspire maintenant à remporter l'honneur de cette course que pour obtenir un degré de gloire qui m'approche de votre cœur.

EURYALE.

Pour moi, madame, je n'y vais point du tout avec cette pensée. Comme j'ai fait toute ma vie profession de ne rien aimer, tous les soins que je prends ne vont point où tendent les autres. Je n'ai aucune prétention sur votre cœur, et le seul honneur de la course est tout l'avantage où j'aspire.

SCÈNE V.

LA PRINCESSE, AGLANTE, CYNTHIE, PHILIS, MORON.

LA PRINCESSE.

D'où sort cette fierté où l'on ne s'attendoit point? Princesses, que dites-vous de ce jeune prince? Avez-vous remarqué de quel ton il l'a pris?

AGLANTE.

Il est vrai que cela est un peu fier.

MORON, à part.

Ah! quelle brave botte il vient là de lui porter!

LA PRINCESSE.

Ne trouvez-vous pas qu'il y auroit plaisir d'abaisser son orgueil, et de soumettre un peu ce cœur qui tranche tant du brave!

CYNTHIE.

Comme vous êtes accoutumée à ne jamais recevoir que des hommages et des adorations de tout le monde, un compliment pareil au sien doit vous surprendre, à la vérité.

LA PRINCESSE.

Je vous avoue que cela m'a donné de l'émotion, et que je souhaiterois fort de trouver les moyens de châtier cette hauteur. Je n'avois pas beaucoup d'envie de me trouver à cette course; mais j'y veux aller exprès, et employer toute chose pour lui donner de l'amour.

CYNTHIE.

Prenez garde, madame : l'entreprise est périlleuse, et lorsqu'on veut donner de l'amour, on court risque d'en recevoir.

LA PRINCESSE.

Ah ! n'appréhendez rien, je vous prie. Allons, je vous réponds de moi.

FIN DU SECOND ACTE.

SECOND INTERMÈDE.

SCÈNE I.
PHILIS, MORON.

MORON.

Philis, demeure ici.

PHILIS.

Non, laisse-moi suivre les autres.

MORON.

Ah! cruelle, si c'étoit Tircis qui t'en priât, tu demeurerois bien vite.

PHILIS.

Cela se pourroit faire : et je demeure d'accord que je trouve bien mieux mon compte avec l'un qu'avec l'autre ; car il me divertit avec sa voix, et toi, tu m'étourdis de ton caquet. Lorsque tu chanteras aussi bien que lui, je te promets de t'écouter.

MORON.

Hé! demeure un peu.

PHILIS.

Je ne saurois.

MORON.

De grâce!

PHILIS.

Point, te dis-je.

MORON, *retenant Philis.*

Je ne te laisserai point aller...

PHILIS.

Ah! que de façons!

MORON.

Je ne demande qu'un moment à être avec toi.

PHILIS.

Hé bien oui, j'y demeurerai, pourvu que tu me promettes une chose.

MORON.

Et quelle?

PHILIS.

De ne me parler point du tout.

MORON.

Hé! Philis!

PHILIS.

A moins que de cela, je ne demeurerai point avec toi.

MORON.

Veux-tu me...?

PHILIS.

Laisse-moi aller.

MORON.

Hé bien! oui, demeure : je ne te dirai mot.

PHILIS.

Prends-y bien garde au moins ; car, à la moindre parole, je prends la fuite.

MORON.

Soit.

(Après avoir fait une scène de gestes.)

Ah! Philis...! Hé...!

SCÈNE II.

MORON.

ELLE s'enfuit, et je ne saurois l'attraper. Voilà

ce que c'est : si je savois chanter, j'en ferois bien mieux mes affaires. La plupart des femmes aujourd'hui se laissent prendre par les oreilles : elles sont cause que tout le monde se mêle de musique, et l'on ne réussit auprès d'elles que par les petites chansons et les petits vers qu'on leur fait entendre. Il faut que j'apprenne à chanter, pour faire comme les autres. Bon ! voici justement mon homme.

SCÈNE III.

UN SATYRE, MORON.

LE SATYRE chante.

La, la, la.

MORON.

Ah ! satyre mon ami, tu sais bien ce que tu m'as promis il y a long-temps : apprends-moi à chanter, je te prie.

LE SATYRE, en chantant.

Je le veux. Mais auparavant écoute une chanson que je viens de faire.

MORON, bas, à part.

Il est si accoutumé à chanter, qu'il ne sauroit parler d'autre façon. (Haut.) Allons, chante, j'écoute.

LE SATYRE chante.

Je portois...

MORON.

Une chanson, dis-tu ?

LE SATYRE.

Je port...

MORON.

Une chanson à chanter

LE SATYRE.
Je port...
MORON.
Chanson amoureuse ? Peste !
LE SATYRE.

Je portois dans une cage
Deux moineaux que j'avois pris,
Lorsque la jeune Chloris
Fit, dans un sombre bocage,
Briller à mes yeux surpris
Les fleurs de son beau visage.
Hélas! dis-je aux moineaux, en recevant les coups
De ces yeux si savans à faire des conquêtes :
Consolez-vous, pauves petites bêtes,
Celui qui vous a pris est bien plus pris que vous.

MORON *demande au satyre une chanson plus passionnée, et le prie de lui dire celle qu'il lui avoit ouï chanter quelques jours auparavant.*

LE SATYRE chante.

Dans vos chants si doux
Chantez à ma belle,
Oiseaux, chantez tous
Ma peine mortelle :
Mais si la cruelle
Se met en courroux
Au récit fidèle
Des maux que je sens pour elle,
Oiseaux, taisez-vous.

MORON.
Ah! qu'elle est belle ! Apprends-la-moi.

LE SATYRE.

La, la, la, la.

MORON.

La, la, la, la.

LE SATYRE.

Fa, fa, fa, fa,

MORON.

Fa toi-même.

ENTRÉE DE BALLET.

Le satyre en colère menace Moron, et plusieurs satyres dansent une entrée plaisante.

FIN DU SECOND INTERMÈDE.

ACTE TROISIÈME.

SCÈNE I.
LA PRINCESSE, AGLANTE, CYNTHIE, PHILIS.

CYNTHIE.

Il est vrai, madame, que ce jeune prince a fait voir une adresse non commune, et que l'air dont il a paru a été quelque chose de surprenant. Il sort vainqueur de cette course : mais je doute fort qu'il en sorte avec le même cœur qu'il y a porté ; car enfin vous lui avez tiré des traits dont il est difficile de se défendre ; et, sans parler de tout le reste, la grâce de votre danse et la douceur de votre voix ont eu des charmes aujourd'hui à toucher les plus insensibles.

LA PRINCESSE.

Le voici qui s'entretient avec Moron, nous saurons un peu de quoi il lui parle. Ne rompons point encore leur entretien, et prenons cette route pour revenir à leur rencontre.

SCÈNE II.
EURYALE, ARBATE, MORON.

EURYALE.

Ah ! Moron, je te l'avoue, j'ai été enchanté,

et jamais tant de charmes n'ont frappé tout ensemble mes yeux et mes oreilles. Elle est adorable en tout temps, il est vrai ; mais ce moment l'a emporté sur tous les autres, et des grâces nouvelles ont redoublé l'éclat de ses beautés. Jamais son visage ne s'est paré de plus vives couleurs, ni ses yeux ne se sont armés de traits plus vifs et plus perçants. La douceur de sa voix a voulu se faire paroître dans un air tout charmant qu'elle a daigné chanter ; et les sons merveilleux qu'elle formoient passoient jusqu'au fond de mon âme, et tenoient tous mes sens dans un ravissement à ne pouvoir en revenir. Elle a fait éclater ensuite une disposition toute divine ; et ses pieds amoureux sur l'émail d'un tendre gazon traçoient d'aimables caractères qui m'enlevoient hors de moi-même, et m'attachoient par des nœuds invincibles aux doux et justes mouvements dont tout son corps suivoit les mouvements de l'harmonie. Enfin jamais âme n'a eu de plus puissantes émotions que la mienne ; et j'ai pensé plus de vingt fois oublier ma résolution, pour me jeter à ses pieds, et lui faire un aveu sincère de l'ardeur que je sens pour elle.

MORON.

Donnez-vous-en bien de garde, seigneur, si vous m'en voulez croire. Vous avez trouvé la meilleure invention du monde ; et je me trompe fort si elle ne vous réussit. Les femmes sont des animaux d'un naturel bizarre ; nous les gâtons par nos douceurs ; et je crois tout de bon que nous les verrions nous courir, sans tous ces respects et ces soumissions où les hommes les acoquinent.

ARBATE.

Seigneur, voici la princesse qui s'est un peu éloignée de sa suite.

MORON.

Demeurez ferme au moins dans le chemin que vous avez pris ; je m'en vais voir ce qu'elle me dira. Cependant promenez-vous ici dans ces petites routes sans faire semblant d'avoir envie de la joindre; et, si vous l'abordez, demeurez avec elle le moins qu'il vous sera possible.

SCÈNE III.
LA PRINCESSE, MORON.

LA PRINCESSE.

Tu as donc familiarité, Moron, avec le prince d'Ithaque ?

MORON.

Ah ! madame, il y a long-temps que nous nous connoissons.

LA PRINCESSE.

D'où vient qu'il n'est pas venu jusqu'ici, et qu'il a pris cette autre route quand il m'a vue ?

MORON.

C'est un homme bizarre, qui ne se plaît qu'à entretenir ses pensées.

LA PRINCESSE.

Étois-tu tantôt au compliment qu'il m'a fait ?

MORON.

Oui, madame, j'y étois; et je l'ai trouvé un peu impertinent, n'en déplaise à sa principauté.

LA PRINCESSE.

Pour moi, je le confesse, Moron, cette fuite m'a choquée; et j'ai toutes les envies du monde de l'engager, pour rabattre un peu son orgueil.

MORON.

Ma foi, madame, vous ne feriez pas mal; il le mériteroit bien: mais, à vous dire vrai, je doute fort que vous y puissiez réussir.

LA PRINCESSE.

Comment!

MORON.

Comment? c'est le plus orgueilleux petit vilain que vous ayez jamais vu. Il lui semble qu'il n'y a personne au monde qui le mérite, et que la terre n'est pas digne de le porter.

LA PRINCESSE.

Mais encore, ne t'a-t-il point parlé de moi?

MORON.

Lui? non.

LA PRINCESSE.

Il ne t'a rien dit de ma voix et de ma danse?

MORON.

Pas le moindre mot.

LA PRINCESSE.

Certes, ce mépris est choquant, et je ne puis souffrir cette hauteur étrange de ne rien estimer.

MORON.

Il n'estime et n'aime que lui.

LA PRINCESSE.

Il n'y a rien que je ne fasse pour le soumettre comme il faut.

MORON.

Nous n'avons point de marbre dans nos montagnes qui soit plus dur et plus insensible que lui.

LA PRINCESSE.

Le voilà.

MORON.

Voyez-vous comme il passe sans prendre garde à vous ?

LA PRINCESSE.

De grâce, Moron, va le faire aviser que je suis ici, et l'oblige à me venir aborder.

SCÈNE IV.

LA PRINCESSE, EURYALE, ARBATE, MORON.

MORON, *allant au-devant d'Euryale, et lui parlant bas.*

Seigneur, je vous donne avis que tout va bien. La princesse souhaite que vous l'abordiez : mais songez bien à continuer votre rôle ; et, de peur de l'oublier, ne soyez pas long-temps avec elle.

LA PRINCESSE.

Vous êtes bien solitaire, seigneur ; et c'est une humeur bien extraordinaire que la vôtre, de renoncer ainsi à notre sexe, et de fuir, à votre âge, cette galanterie dont se piquent tous vos pareils.

EURYALE.

Cette humeur, madame, n'est pas si extraorinaire qu'on n'en trouvât des exemples sans ller loin d'ici ; et vous ne sauriez condamner a résolution que j'ai prise de n'aimer jamais rien ans condamner aussi vos sentiments.

LA PRINCESSE.

Il y a grande différence ; et ce qui sied bien à un sexe ne sied pas bien à l'autre. Il est beau qu'une femme soit insensible, et conserve son cœur exempt des flammes de l'amour : mais ce qui est vertu en elle devient un crime dans un homme ; et comme la beauté est le partage de notre sexe, vous ne sauriez ne nous point aimer sans nous dérober les hommages qui nous sont dus, et commettre une offense dont nous devons toutes nous ressentir.

EURYALE.

Je ne vois pas, madame, que celles qui ne veulent point aimer doivent prendre aucun intérêt à ces sortes d'offenses.

LA PRINCESSE.

Ce n'est pas une raison, seigneur ; et sans vouloir aimer, on est toujours bien aise d'être aimée.

EURYALE.

Pour moi, je ne suis pas de même ; et, dans le dessein de ne rien aimer, je serois fâché d'être aimé.

LA PRINCESSE.

Et la raison ?

EURYALE.

C'est qu'on a obligation à ceux qui nous aiment, et que je serois fâché d'être ingrat.

LA PRINCESSE.

Si bien donc que, pour fuir l'ingratitude, vous aimeriez qui vous aimeroit.

EURYALE.

Moi, madame? point du tout. Je dis bien que je serois fâché d'être ingrat; mais je me résoudrois plutôt de l'être que d'aimer.

LA PRINCESSE.

Telle personne vous aimeroit peut-être, que votre cœur...

EURYALE.

Non, madame, rien n'est capable de toucher mon cœur. Ma liberté est la seule maîtresse à qui je consacre mes vœux; et quand le ciel emploieroit ses soins à composer une beauté parfaite, quand il assembleroit en elle tous les dons les plus merveilleux et du corps et de l'âme, enfin quand il exposeroit à mes yeux un miracle d'esprit, d'adresse et de beauté, et que cette personne m'aimeroit avec toutes les tendresses imaginables; je vous l'avoue franchement, je ne l'aimerois pas.

LA PRINCESSE, à part.

A-t-on jamais rien vu de tel!

MORON, à la princesse.

Peste soit du petit brutal! J'aurois bien envie de lui bailler un coup de poing.

LA PRINCESSE, à part.

Cet orgueil me confond; et j'ai un tel dépit, que je ne me sens pas.

MORON, bas, au prince.

Bon! Courage, seigneur! Voilà qui va le mieux du monde.

EURYALE, bas, à Moron.

Ah! Moron, je n'en puis plus, et je me suis fait des efforts étranges.

LA PRINCESSE, à Euryale.

C'est avoir une insensibilité bien grande, que de parler comme vous faites.

EURYALE.

Le ciel ne m'a pas fait d'une autre humeur. Mais, madame, j'interromps votre promenade, et mon respect doit m'avertir que vous aimez la solitude.

SCÈNE V.

LA PRINCESSE, MORON.

MORON.

Il ne vous en doit rien, madame, en dureté de cœur.

LA PRINCESSE.

Je donnerois volontiers tout ce que j'ai au monde pour avoir l'avantage d'en triompher.

MORON.

Je le crois.

LA PRINCESSE.

Ne pourrois-tu, Moron, me servir dans un tel dessein?

MORON.

Vous savez bien, madame, que je suis tout à votre service.

LA PRINCESSE.

Parle-lui de moi dans tes entretiens, vante-lui adroitement ma personne et les avantages de ma naissance, et tâche d'ébranler ses sentiments par la douceur de quelque espoir. Je te permets de dire tout ce que tu voudras pour tâcher à me l'engager.

MORON.

Laissez-moi faire.

LA PRINCESSE.

C'est une chose qui me tient au cœur. Je souhaite ardemment qu'il m'aime.

MORON.

Il est bien fait, oui, ce petit pendard-là; il a bon air, bonne physionomie; et je crois qu'il seroit assez le fait d'une jeune princesse.

LA PRINCESSE.

Enfin tu peux tout espérer de moi si tu trouves moyen d'enflammer pour moi son cœur.

MORON.

Il n'y a rien qui ne se puisse faire. Mais, madame, s'il venoit à vous aimer, que feriez-vous, s'il vous plaît?

LA PRINCESSE.

Ah! ce seroit lors que je prendrois plaisir à triompher pleinement de sa vanité, à punir son mépris par mes froideurs, et à exercer sur lui toutes les cruautés que je pourrois imaginer.

MORON.

Il ne se rendra jamais.

LA PRINCESSE.

Ah ! Moron, il faut faire en sorte qu'il se rende.

MORON.

Non, il n'en fera rien. Je le connois ; ma peine seroit inutile.

LA PRINCESSE.

Si faut-il pourtant tenter toute chose, et éprouver si son âme est entièrement insensible. Allons, je veux lui parler, et suivre une pensée qui vient de me venir.

FIN DU TROISIÈME ACTE.

TROISIÈME INTERMÈDE.

SCÈNE I.
PHILIS, TIRCIS.

PHILIS.

Viens, Tircis; laissons-les aller; et me dis un peu ton martyre de la façon que tu sais faire. Il y a long-temps que tes yeux me parlent; mais je suis plus aise d'ouïr ta voix.

TIRCIS chante.

Tu m'écoutes, hélas! dans ma triste langueur :
Mais je n'en suis pas mieux, ô beauté sans pareille;
    Et je touche ton oreille
    Sans que je touche ton cœur.

PHILIS.

Va, va, c'est toujours quelque chose que de toucher l'oreille, et le temps amène tout. Chante-moi cependant quelque plainte nouvelle que tu aies composée pour moi.

SCÈNE II.
MORON, PHILIS, TIRCIS.

MORON.

Ah! ah! je vous y prends, cruelle : vous vous écartez des autres pour ouïr mon rival!

PHILIS.

Oui, je m'écarte pour cela. Je te le dis encore, je me plais avec lui; et l'on écoute volontiers les amants lorsqu'ils se plaignent aussi agréablement qu'il fait. Que ne chantes-tu comme lui ? je prendrois plaisir à t'écouter.

MORON.

Si je ne sais chanter, je sais faire autre chose; et quand...

PHILIS.

Tais-toi ! je veux l'entendre. Dis, Tircis, ce que tu voudras.

MORON.

Ah ! cruelle...

PHILIS.

Silence, dis-je, ou je me mettrai en colère.

TIRCIS chante.

Arbres épais, et vous, prés émaillés,
La beauté dont l'hiver vous avoit dépouillés
 Par le printemps vous est rendue;
 Vous reprenez tous vos appas :
 Mais mon âme ne reprend pas
 La joie, hélas ! que j'ai perdue.

MORON.

Morbleu ! que n'ai-je de la voix ! Ah ! nature marâtre, pourquoi ne m'as-tu pas donné de quoi chanter comme à un autre ?

PHILIS.

En vérité, Tircis, il ne se peut rien de plus agréable, et tu l'emportes sur tous les rivaux que tu as.

MORON.

Mais pourquoi est-ce que je ne puis chanter ?

N'ai-je pas un estomac, un gosier, une langue, comme un autre? Oui, oui, allons, je veux chanter aussi, et te montrer que l'amour fait faire toutes choses. Voici une chanson que j'ai faite pour toi.

PHILIS.

Oui! dis. Je veux bien t'écouter pour la rareté du fait.

MORON.

Courage, Moron! il n'y a qu'à avoir de la hardiesse. (Il chante.)

Ton extrême rigueur
S'acharne sur mon cœur.
Ah! Philis, je trépasse:
Daigne me secourir!
En seras-tu plus grasse
De m'avoir fait mourir?

Vivat Moron!

PHILIS.

Voilà qui est le mieux du monde. Mais, Moron, je souhaiterois bien d'avoir la gloire que quelque amant fût mort pour moi. C'est un avantage dont je n'ai pas encore joui; et je trouve que j'aimerois de tout mon cœur une personne qui m'aimeroit assez pour se donner la mort.

MORON.

Tu aimerois une personne qui se tueroit pour toi?

PHILIS

Oui.

MORON.

Il ne faut que cela pour te plaire?

PHILIS.

Non.

MORON

Voilà qui est fait. Je veux te montrer que je me sais tuer quand je veux.

TIRCIS chante.

Ah! quelle douceur extrême
De mourir pour ce qu'on aime!

MORON, à Tircis.

C'est un plaisir que vous aurez quand vous voudrez.

TIRCIS chante.

Courage, Moron! meurs promptement
En généreux amant.

MORON, à Tircis.

Je vous prie de vous mêler de vos affaires, et de me laisser tuer à ma faintaisie. Allons, je vais faire honte à tous les amants.

(A Philis.)

Tiens, je ne suis pas homme à faire tant de façons. Vois ce poignard; prends bien garde comme je vais me percer le cœur.... Je suis votre serviteur. Quelque niais....

PHILIS.

Allons, Tircis, viens-t'en me redire à l'écho ce que tu m'as chanté.

FIN DU TROISIÈME INTERMÈDE.

ACTE QUATRIÈME.

SCÈNE I.
LA PRINCESSE, EURYALE, MORON.

LA PRINCESSE.

Prince, comme jusqu'ici nous avons fait paroître une conformité de sentiments, et que le ciel a semblé mettre en nous mêmes attachements pour notre liberté, et même aversion pour l'amour, je suis bien aise de vous ouvrir mon cœur, et de vous faire confidence d'un changement dont vous serez surpris. J'ai toujours regardé l'hymen comme une chose affreuse ; et j'avois fait serment d'abandonner plutôt la vie que de me résoudre jamais à perdre une liberté pour qui j'avois des tendresses si grandes : mais enfin un moment a dissipé toutes ces résolutions. Le mérite d'un prince m'a frappé aujourd'hui les yeux ; et mon âme tout d'un coup, comme par un miracle, est devenue sensible aux traits de cette passion que j'avois toujours méprisée. J'ai trouvé d'abord des raisons pour autoriser ce changement, et je puis l'appuyer de ma volonté de répondre aux ardentes sollicitations d'un père et aux vœux de tout un État : mais, à vous dire vrai, je suis en peine du jugement que vous ferez de

ACTE IV, SCÈNE I.

moi, et je voudrois savoir si vous condamnerez ou non le dessein que j'ai de me donner un époux.

EURYALE.

Vous pourriez faire un tel choix, madame, que je l'approuverois sans doute.

LA PRINCESSE.

Qui croyez-vous, à votre avis, que je veuille choisir ?

EURYALE.

Si j'étois dans votre cœur, je pourrois vous le dire ; mais comme je n'y suis pas, je n'ai garde de vous répondre.

LA PRINCESSE.

Devinez, pour voir, et nommez quelqu'un.

EURYALE.

J'aurois trop peur de me tromper.

LA PRINCESSE.

Mais encore, pour qui souhaiteriez-vous que je me déclarasse ?

EURYALE.

Je sais bien, à vous dire vrai, pour qui je le souhaiterois : mais avant de m'expliquer, je dois savoir votre pensée.

LA PRINCESSE.

Hé bien ! prince, je veux bien vous la découvrir. Je suis sûre que vous allez approuver mon choix ; et, pour ne vous point tenir en suspens davantage, le prince de Messène est celui de qui le mérite s'est attiré mes vœux.

EURYALE, à part.

O ciel !

LA PRINCESSE, bas, à Moron.

Mon invention a réussi, Moron. Le voilà qui se trouble.

MORON, à la princesse.

Bon, madame. (Au prince.) Courage, seigneur. (A la princesse.) Il en tient. (Au prince.) Ne vous défaites pas.

LA PRINCESSE, à Euryale.

Ne trouvez-vous pas que j'ai raison, et que ce prince a tout le mérite qu'on peut avoir?

MORON, bas, au prince.

Remettez-vous, et songez à répondre.

LA PRINCESSE.

D'où vient, prince, que vous ne dites mot, et semblez interdit?

EURYALE.

Je le suis, à la vérité; et j'admire, madame, comme le ciel a pû former deux âmes aussi semblables en tout que les nôtres, deux âmes en qui l'on ait vu une plus grande conformité de sentiments, qui aient fait éclater dans le même temps une résolution à braver les traits de l'Amour, et qui, dans le même moment, aient fait paroître une égale facilité à perdre le nom d'insensibles. Car enfin, madame, puisque votre exemple m'autorise, je ne feindrai point de vous dire que l'Amour aujourd'hui s'est rendu maître de mon cœur, et qu'une des princesses vos cousines, l'aimable et belle Aglante, a renversé d'un coup d'œil tous les projets de ma fierté. Je suis ravi, madame, que, par cette égalité de défaite, nous n'ayons rien à nou reprocher l'un et l'autre ; et je ne doute point que, comme je vous loue iufiniment de votre choix, vous n'approuviez aussi le mien. Il faut que ce miracle éclate aux yeux de tout le monde, et nous ne devons point différer à nous rendre tous deux contents. Pour moi, madame, je vous sollicite de vos suffrages pour obtenir celle que je souhaite, et vous trouverez bon que j'aille de ce pas en faire la demande au prince votre père.

MORON, bas, à Euryale.

Ah ! digne, ah ! brave cœur !

SCÈNE II.

LA PRINCESSE, MORON.

LA PRINCESSE.

Ah ! Moron, je n'en puis plus ; et ce coup, que je n'attendois pas, triomphe absolument de toute ma fermeté.

MORON.

Il est vrai que le coup est surprenant, et j'avois cru d'abord que votre stratagème avoit fait son effet.

LA PRINCESSE.

Ah ! ce m'est un dépit à me désespérer, qu'une autre ait l'avantage de soumettre ce cœur que je voulois soumettre.

SCÈNE III.
LA PRINCESSE, AGLANTE, MORON.

LA PRINCESSE.

Princesse, j'ai à vous prier d'une chose qu'il faut absolument que vous m'accordiez. Le prince d'Ithaque vous aime, et veut vous demander au prince mon père.

AGLANTE.

Le prince d'Ithaque, madame!

LA PRINCESSE.

Oui. Il vient de m'en assurer lui-même, et m'a demandé mon suffrage pour vous obtenir; mais je vous conjure de rejeter cette proposition, et de ne point prêter l'oreille à tout ce qu'il pourra vous dire.

AGLANTE.

Mais, madame, s'il étoit vrai que ce prince m'aimât effectivement, pourquoi, n'ayant aucun dessein de vous engager, ne voudriez-vous pas souffrir...?

LA PRINCESSE.

Non, Aglante, je vous le demande; faites-moi ce plaisir, je vous prie; et trouvez bon que, n'ayant pu avoir l'avantage de le soumettre, je lui dérobe la joie de vous obtenir.

AGLANTE.

Madame, il faut vous obéir; mais je croirois que la conquête d'un tel cœur ne seroit pas une victoire à dédaigner.

LA PRINCESSE.

Non, non, il n'aura pas la joie de me braver entièrement.

SCÈNE IV.

LA PRINCESSE, ARISTOMÈNE, AGLANTE, MORON.

ARISTOMÈNE.

Madame, je viens à vos pieds rendre grâce à l'amour de mes heureux destins, et témoigner avec transport le ressentiment où je suis des bontés surprenantes dont vous daignez favoriser le plus soumis de vos captifs.

LA PRINCESSE.

Comment ?

ARISTOMÈNE.

Le prince d'Ithaque, madame, vient de m'assurer tout à l'heure que votre cœur avoit eu la bonté de s'expliquer en ma faveur sur ce célèbre choix qu'attend toute la Grèce.

LA PRINCESSE.

Il vous a dit qu'il tenoit cela de ma bouche ?

ARISTOMÈNE.

Oui, madame.

LA PRINCESSE.

C'est un étourdi : et vous êtes un peu trop crédule, prince, d'ajouter foi si promptement à ce qu'il vous a dit. Une pareille nouvelle mériteroit bien, ce me semble, qu'on en doutât un peu de temps ; et c'est tout ce que vous pourriez faire de la croire, si je vous l'avois dite moi-même.

ARISTOMÈNE.

Madame, si j'ai été trop prompt à me persuader...

LA PRINCESSE.

De grâce, prince, brisons là ce discours; et, si vous voulez m'obliger, souffrez que je puisse jouir de deux moments de solitude.

SCÈNE V.

LA PRINCESSE, AGLANTE, MORON.

LA PRINCESSE.

Ah! qu'en cette aventure le ciel me traite avec une rigueur étrange! Au moins, princesse, souvenez-vous de la prière que je vous ai faite.

AGLANTE.

Je vous l'ai dit déjà, madame, il faut vous obéir.

SCÈNE VI.

LA PRINCESSE, MORON.

MORON.

Mais, madame, s'il vous aimoit, vous n'en voudriez point; et cependant vous ne voulez pas qu'il soit à une autre. C'est faire justement comme le chien du jardinier.

LA PRINCESSE.

Non, je ne puis souffrir qu'il soit heureux avec une autre; et, si la chose étoit, je crois que j'en mourrois de déplaisir.

MORON.

Ma foi, madame, avouons la dette : vous voudriez qu'il fût à vous; et dans toutes vos actions il est aisé de voir que vous aimez un peu ce jeune prince.

ACTE IV, SCÈNE VI.

LA PRINCESSE.

Moi ; je l'aime ! O ciel ! je l'aime ! Avez-vous l'insolence de prononcer ces paroles ? Sortez de ma ma vue, impudent, et ne vous présentez jamais devant moi.

MORON.

Madame...

LA PRINCESSE.

Retirez-vous d'ici, vous dis-je, ou je vous en ferai retirer d'une autre manière.

MORON, bas, à part.

Ma foi, son cœur en a sa provision, et...
(Il rencontre un regard de la princesse, qui l'oblige à se retirer.)

SCÈNE VII.

LA PRINCESSE.

DE quelle émotion inconnue sens-je mon cœur atteint ? et quelle inquiétude secrète est venue troubler tout d'un coup la tranquillité de mon âme ? Ne seroit-ce point aussi ce qu'on vient de me dire ? et, sans en rien savoir, n'aimerois-je point ce jeune prince ? Ah ! si cela étoit, je serois personne à me désespérer. Mais il est impossible que cela soit, et je vois bien que je ne puis pas l'aimer. Quoi ! je serois capable de cette lâcheté ! J'ai vu toute la terre à mes pieds avec la plus grande insensibilité du monde ; les respects, les hommages et les soumissions, n'ont jamais pu toucher mon âme : et la fierté et le dédain en auroient triomphé ! J'ai méprisé tous ceux qui m'ont aimée; et j'aimerois le seul qui me méprise ! Non, non, je sais bien que je ne l'aime pas. Il n'y a pas de raison à cela. Mais si ce n'est pas de l'amour que ce que je sens maintenant, qu'est-ce donc que ce peut être? et d'où vient ce poison qui me court par toutes les veines, et ne me laisse point en repos avec moi-même ? Sors de mon cœur, qui que tu sois, ennemi qui te caches; attaque-moi visiblement, et deviens à mes yeux la plus affreuse bête de tous nos bois, afin que mon dard et mes flèches me puissent défaire de toi.

FIN DU QUATRIÈME ACTE.

QUATRIÈME INTERMÈDE.

SCÈNE I.
LA PRINCESSE.

O vous, admirables personnes qui, par la douceur de vos chants, avez l'art d'adoucir les plus fâcheuses inquiétudes, approchez-vous d'ici, de grâce, et tâchez de charmer avec votre musique le chagrin où je suis.

SCÈNE II.
LA PRINCESSE, CLIMÈNE, PHILIS.

CLIMÈNE *chante.*
Chère Philis, dis-moi, que crois-tu de l'amour ?
PHILIS *chante.*
Toi-même, qu'en crois-tu, ma compagne fidèle ?
CLIMÈNE.
On m'a dit que sa flamme est pire qu'un vautour,
Et qu'on souffre, en aimant, une peine cruelle.
PHILIS.
On m'a dit qu'il n'est point de passion plus belle,
Et que ne pas aimer, c'est renoncer au jour.
CLIMÈNE.
A qui des deux donnerons-nous victoire ?
PHILIS.
Qu'en croirons-nous, ou le mal, ou le bien ?

TOUTES DEUX ENSEMBLE.

Aimons, c'est le vrai moyen
De savoir ce qu'on en doit croire.

PHILIS.

Chloris vante partout l'amour et ses ardeurs.

CLIMÈNE.

Amarante pour lui verse en tous lieux des larmes.

PHILIS.

Si de tant de tourments il accable les cœurs,
D'où vient qu'on aime à lui rendre les armes ?

CLIMÈNE.

Si sa flamme, Philis, est si pleine de charmes,
Pourquoi nous défend-on d'en goûter les douceurs ?

PHILIS.

A qui des deux donnerons-nous victoire ?

CLIMÈNE.

Qu'en croirons-nous, ou le mal, ou le bien ?
Aimons, c'est le vrai moyen
De savoir ce qu'on en doit croire.

LA PRINCESSE.

Achevez seules, si vous le voulez. Je ne saurois demeurer en repos ; et quelque douceur qu'aient vos chants, ils ne font que redoubler mon inquiétude.

FIN DU QUATRIÈME INTERMÈDE.

ACTE CINQUIÈME.

SCÈNE I.
IPHITAS, EURYALE, AGLANTE, CYNTHIE, MORON.

MORON, à Iphitas.

Oui, seigneur, ce n'est point raillerie ; j'en suis ce qu'on appelle disgracié. Il m'a fallu tirer mes chausses au plus vite, et jamais vous n'avez vu un emportement plus brusque que le sien.

IPHITAS, à Euryale.

Ah ! prince, que je devrai de grâce à ce stratagème amoureux, s'il faut qu'il ait trouvé le secret de toucher son cœur !

EURYALE.

Quelque chose, seigneur, que l'on vienne de vous en dire, je n'ose encore, pour moi, me flatter de ce doux espoir : mais enfin, si ce n'est pas à moi trop de témérité que d'oser aspirer à l'honneur de votre alliance ; si ma personne et mes États...

IPHITAS.

Prince, n'entrons point dans ces compliments. Je trouve en vous de quoi remplir tous les souhaits d'un père ; et, si vous avez le cœur de ma fille, il ne vous manque rien.

SCÈNE II.
LA PRINCESSE, IPHITAS, EURYALE, AGLANTE, CYNTHIE, MORON.

LA PRINCESSE.

O ciel ! que vois-je ici.

IPHITAS, à Euryale.

Oüi, l'honneur de votre alliance m'est d'un prix très-considérable, et je souscris aisément de tous mes suffrages à la demande que vous me faites.

LA PRINCESSE, à Iphitas.

Seigneur, je me jette à vos pieds pour vous demander une grâce. Vous m'avez toujours témoigné une tendresse extrême, et je crois vous devoir bien plus par les bontés que vous m'avez fait voir que par le jour que vous m'avez donné. Mais, si jamais vous avez eu de l'amitié pour moi, je vous en demande aujourd'hui la plus sensible preuve que vous me puissiez accorder ; c'est de n'écouter point, seigneur, la demande de ce prince, et de ne pas souffrir que la princesse Aglante soit unie avec lui.

IPHITAS.

Et par quelle raison, ma fille, voudrois-tu t'opposer à cette union ?

LA PRINCESSE.

Par la raison que je hais ce prince, et que je veux, si je puis, traverser ses desseins.

IPHITAS.

Tu le hais, ma fille !

ACTE V, SCÈNE II.

LA PRINCESSE.

Oui, et de tout mon cœur, je vous l'avoue.

IPHITAS.

Et que t'a-t-il fait ?

LA PRINCESSE.

Il m'a méprisée.

IPHITAS.

Et comment ?

LA PRINCESSE.

Il ne m'a pas trouvée assez bien faite pour m'adresser ses vœux.

IPHITAS.

Et quelle offense te fait cela ? tu ne veux accepter personne.

LA PRINCESSE.

N'importe : il me devoit aimer comme les autres, et me laisser au moins la gloire de le refuser. Sa déclaration me fait un affront ; et ce m'est une honte sensible qu'à mes yeux et au milieu de votre cour il ait recherché une autre que moi.

IPHITAS.

Mais quel intérêt dois-tu prendre à lui ?

LA PRINCESSE.

J'en prends, seigneur, à me venger de son mépris ; et comme je sais bien qu'il aime Aglante avec beaucoup d'ardeur, je veux empêcher, s'il vous plaît, qu'il ne soit heureux avec elle.

IPHITAS.

Cela te tient donc bien au cœur ?

LA PRINCESSE.

Oui, seigneur, sans doute; et, s'il obtient ce qu'il demande, vous me verrez expirer à vos yeux.

IPHITAS.

Va, va, ma fille, avoue franchement la chose; le mérite de ce prince t'a fait ouvrir les yeux, et tu l'aimes enfin, quoi que tu puisses dire.

LA PRINCESSE.

Moi, seigneur?

IPHITAS.

Oui, tu l'aimes.

LA PRINCESSE.

Je l'aime, dites-vous, et vous m'imputez cette lâcheté! O ciel! quelle est mon infortune! Puis-je bien, sans mourir entendre ces paroles! et faut-il que je sois si malheureuse qu'on me soupçonne de l'aimer? Ah! si c'étoit un autre que vous, seigneur, qui me tînt ce discours, je ne sais pas ce que je ne ferois point.

IPHITAS.

Hé bien! oui, tu ne l'aimes pas : tu le hais, j'y consens, et je veux bien, pour te contenter, qu'il n'épouse pas la princesse Aglante.

LA PRINCESSE.

Ah! seigneur, vous me donnez la vie.

IPHITAS.

Mais, afin d'empêcher qu'il ne puisse être jamais à elle, il faut que tu le prennes pour toi.

LA PRINCESSE.

Vous vous moquez, seigneur, et ce n'est pas ce qu'il demande.

EURYALE.

Pardonnez-moi, madame, je suis assez téméraire pour cela, et je prends à témoin le prince votre père si ce n'est pas vous que j'ai demandée. C'est trop vous tenir dans l'erreur, il faut lever le masque, et, dussiez-vous vous en prévaloir contre moi, découvrir à vos yeux les véritables sentiments de mon cœur. Je n'ai jamais aimé que vous, et jamais je n'aimerai que vous. C'est vous, madame, qui m'avez enlevé cette qualité d'insensible que j'avois toujours affectée ; et tout ce que j'ai pu vous dire n'a été qu'une feinte qu'un mouvement secret m'a inspirée, et que je n'ai suivie qu'avec toutes les violences imaginables. Il falloit qu'elle cessât bientôt sans doute ; et je m'étonne seulement qu'elle ait pu durer la moitié d'un jour : car enfin je mourois, je brûlois dans l'âme, quand je vous déguisois mes sentiments ; et jamais cœur n'a souffert une contrainte égale à la mienne. Que si cette feinte, madame, a quelque chose qui vous offense, je suis tout prêt de mourir pour vous en venger ; vous n'avez qu'à parler, et ma main sur-le-champ fera gloire d'exécuter l'arrêt que vous prononcerez.

LA PRINCESSE.

Non, non, prince, je ne vous sais point mauvais gré de m'avoir abusée ; et tout ce que vous m'avez dit, je l'aime bien mieux une feinte que non pas une vérité.

IPHITAS.

Si bien donc, ma fille, que tu veux bien accepter ce prince pour époux ?

LA PRINCESSE.

Seigneur, je ne sais pas encore ce que je veux. Donnez-moi le temps d'y songer, je vous prie, et m'épargnez un peu la confusion où je suis.

IPHITAS.

Vous jugez, prince, ce que cela veut dire; et vous vous pouvez fonder là-dessus.

EURYALE.

Je l'attendrai tant qu'il vous plaira, madame, cet arrêt de ma destinée; et, s'il me condamne à la mort, je le suivrai sans murmure.

IPHITAS.

Viens, Moron, c'est ici un jour de paix, et je te remets en grâce avec la princesse.

MORON.

Seigneur, je serai meilleur courtisan une autre fois, et je me garderai bien de dire ce que je pense.

SCÈNE III.

ARISTOMÈNE, THÉOCLE, IPHITAS, LA PRINCESSE, EURYALE, AGLANTE, CYNTHIE, MORON.

IPHITAS, aux princes de Messène et de Pyle.

Je crains bien, princes, que le choix de ma fille ne soit pas en votre faveur; mais voilà deux princesses qui peuvent bien vous consoler de ce petit malheur.

ARISTOMÈNE.

Seigneur, nous savons prendre notre parti;

et si ces aimables princesses n'ont point de mépris pour des cœurs qu'on a rebutés, nous pouvons revenir par elles à l'honneur de votre alliance.

SCÈNE IV.

IPHITAS, LA PRINCESSE, AGLANTE, CYNTHIE, PHILIS, EURYALE, ARISTOMÈNE, THÉOCLE, MORON.

PHILIS, à Iphitas.

Seigneur, la déesse Vénus vient d'annoncer partout le changement du cœur de la princesse. Tous les pasteurs et toutes les bergères en témoignent leur joie par des danses et des chansons ; et si ce n'est point un spectacle que vous méprisiez, vous allez voir l'allégresse publique se répandre jusqu'ici.

FIN DU CINQUIÈME ACTE.

CINQUIÈME INTERMÈDE.

BERGERS ET BERGÈRES.

QUATRE BERGERS ET DEUX BERGÈRES,

alternativement avec le chœur.

Usez mieux, ô beautés fières,
Du pouvoir de tout charmer :
Aimez, aimables bergères ;
Nos cœurs sont faits pour aimer.
Quelque fort qu'on s'en défende,
Il y faut venir un jour ;
Il n'est rien qui ne se rende
Aux doux charmes de l'amour.

Songez de bonne heure à suivre
Le plaisir de s'enflammer :
Un cœur ne commence à vivre
Que du jour qu'il sait aimer.
Quelque fort qu'on s'en défende,
Il y faut venir un jour ;
Il n'est rien qui ne se rende
Aux doux charmes de l'amour.

ENTRÉE DE BALLET.

Quatre bergers et quatre bergères dansent sur le chant du chœur.

FIN DE LA PRINCESSE D'ÉLIDE.

RÉFLEXIONS

SUR

LA PRINCESSE D'ÉLIDE.

Aucune fête de Louis XIV ne parut plus brillante que celle dont cette pièce fut un des principaux ornements. Molière, pressé par le temps, ne put composer en vers que le premier acte et la moitié de la première scène du second : il fit les autres actes en prose, et se plaignit de ne pouvoir leur donner les développements dont il les croyoit susceptibles.

Le fonds de cette pièce est tiré d'une comédie espagnole d'Agostino Moreto, intitulée : EL DESDEN CON EL DESDEN. Cet auteur fonde son intrigue sur un jeu autrefois en usage en Espagne, et qui n'a jamais été adopté en France. Les réunions où l'on s'amusoit de ce jeu s'appeloient *Tertulias* : chaque dame avoit sa couleur ; et les hommes prenoient au hasard, dans une corbeille, des rubans qui y répondoient. Ils devoient par le sort faire la cour, pendant toute la soirée, à la dame qui leur étoit échue. Dans la pièce espagnole, une dame du caractère de la princesse d'Élide est tombée en partage à un jeune homme dont elle est aimée ; il feint, comme Euryale, d'en vouloir à une autre; et le dépit la contraint à laisser éclater son inclination. Elle va même jusqu'à la déclarer à son amant. Le dénoûment de Molière est bien plus conforme aux bienséances : la princesse d'Élide n'avoue point son penchant pour Euryale; c'est lui qui raconte au roi le stratagème dont il s'est servi : il cache même avec beaucoup de délicatesse la certitude qu'il a d'être aimé.

Le choix du lieu de la scène est très-heureux : l'auteur espagnol ne peint qu'une société particulière, tandis que Molière rappelle les solennités de l'Élide, et toutes les pompes de la Grèce. Aucun sujet ne convenoit mieux pour des fêtes telles que celles de Versailles.

Il y a des rapports entre le commencement du rôle de la princesse d'Élide et le caractère de Marcelle, peint avec tant de charmes dans la première partie de *don Quichotte*. Ces deux jeunes personnes, distinguées par une beauté qui enchante tous les hommes, ont la même fierté, le même goût pour l'indépendance, et la même aversion pour l'amour. Marcelle fait mourir son amant de désespoir; et ce malheureux n'ose se plaindre, en expirant, des rigueurs de sa maîtresse. Ce dénoûment est foible et commun. La fable de Molière est bien mieux conduite : l'amour-propre de la princesse d'Élide est piqué par l'indifférence apparente d'Euryale; son dépit lui apprend qu'elle n'est pas insensible; et ce sentiment est gradué avec beaucoup d'art. C'est le premier modèle du genre de Marivaux, dont presque toutes les pièces roulent sur cette idée : mais combien n'a-t-on pas abusé des petites nuances et des raffinements que ce genre semble exiger !

Moron offre un caractère très-comique : son extrême poltronnerie, ses réponses naïves et plaisantes rappellent quelquefois les reparties de Sancho Pança (*). On dit que Molière avoit une sorte de prédilection pour ce rôle, et qu'il le jouoit parfaitement.

Le personnage de Moron n'est plus dans nos mœurs : c'est un fou de cour, tel qu'il en existoit encore dans le dix-septième siècle. Louis XIV en avoit un à cette époque : il s'appeloit *L'Angély*, et avoit appartenu au prince de Condé pendant les troubles de la Fronde. Le comte de Grammont observoit, dit M. de Voltaire, que, de tous les fous qui avoient suivi M. le prince, il n'y avoit que L'Angely qui eût fait fortune.

Les intermèdes de LA PRINCESSE D'ÉLIDE sont dans le genre espagnol. Ils composent ordinairement chez les poëtes de cette nation, une petite pièce indépendante de celle à laquelle ils sont liés : ils roulent presque toujours sur des amours populaires, sur des ridicules du moment, et sont en général remplis de sel et de comique : ceux de

---

(*) On trouve dans ce rôle un trait qui appartient à Pierre Arétin. Dans une lettre à Baptiste Strozzi, il s'exprime ainsi : *E meglio per la pelle vostra che si dica : qui fuggi il tale, che qui morì il cotale.* Moron dit à la princesse :

Je suis votre valet ; j'aime bien mieux qu'on dise :
C'est ainsi qu'en fuyant sans se faire prier, etc.

LA Princesse d'Élide n'ont pas le même intérêt : on voit qu'ils ont été faits trop rapidement.

La relation des fêtes de Versailles pour lesquelles cette pièce fut composée, n'est pas de Molière. Cette relation est placée à la fin du volume: on la rédigea par ordre, afin de transmettre à la postérité la magnificence de Louis XIV : elle est précieuse en ce qu'elle contient les véritables motifs qui firent suspendre le Tartufe.

LE
MARIAGE FORCÉ;
COMÉDIE
EN UN ACTE ET EN PROSE,

Représentée au Louvre, sous le titre de *Ballet du Roi*, les 29 et 31 janvier 1664; et sur le théâtre du Palais-Royal, le 15 février de la même année.

PERSONNAGES.

SGANARELLE, amant de Doriméne.
GÉRONIMO, ami de Sganarelle.
DORIMÈNE, fille d'Alcantor.
ALCANTOR, père de Dorimène.
ALCIDAS, frère de Dorimène.
LYCASTE, amant de Dorimène.
PANCRACE, docteur aristotélicien.
MARPHURIUS, docteur pyrrhonien.
DEUX BOHÉMIENNES.

La scène est dans une place publique.

LE MARIAGE FORCÉ.

SCÈNE I.

SGANARELLE, parlant à ceux qui sont dans sa maison.

Je suis de retour dans un moment. Que l'on ait bien soin du logis, et que tout aille comme il faut. Si l'on m'apporte de l'argent, que l'on me vienne quérir vite chez le seigneur Géronimo ; et, si l'on vient m'en demander, qu'on dise que je suis sorti, et que je ne dois revenir de toute la journée.

SCÈNE II.

SGANARELLE, GÉRONIMO.

GÉRONIMO, ayant entendu les dernières paroles de Sganarelle.

Voilà un ordre fort prudent.

SGANARELLE.

Ah ! seigneur Géronimo, je vous trouve à propos ; et j'allois chez vous vous chercher.

GÉRONIMO.

Et pour quel sujet, s'il vous plaît ?

SGANARELLE.

Pour vous communiquer une affaire que j'ai en tête, et vous prier de m'en dire votre avis.

GÉRONIMO.

Très-volontiers. Je suis bien aise de cette rencontre, et nous pouvons parler ici en toute liberté.

SGANARELLE.

Mettez donc dessus, s'il vous plaît. Il s'agit d'une chose de conséquence que l'on m'a proposée; et il est bon de ne rien faire sans le conseil de ses amis.

GÉRONIMO.

Je vous suis obligé de m'avoir choisi pour cela. Vous n'avez qu'à me dire ce que c'est.

SGANARELLE.

Mais auparavant je vous conjure de ne me point flatter du tout, et de me dire nettement votre pensée.

GÉRONIMO.

Je le ferai, puisque vous le voulez.

SGANARELLE.

Je ne vois rien de plus condamnable qu'un ami qui ne nous parle point franchement.

GÉRONIMO.

Vous avez raison.

SGANARELLE.

Et, dans ce siècle, on trouve peu d'amis sincères.

GÉRONIMO.

Cela est vrai.

SGANARELLE.

Promettez-moi donc, seigneur Géronimo, de me parler avec toute sorte de franchise.

GÉRONIMO.

Je vous le promets.

SGANARELLE.

Jurez-en votre foi.

SCÈNE II.

GÉRONIMO.

Oui, foi d'ami. Dites-moi seulement votre affaire.

SGANARELLE.

C'est que je veux savoir de vous si je ferai bien de me marier.

GÉRONIMO.

Qui ? vous ?

SGANARELLE.

Oui, moi-même, en propre personne. Quel est votre avis là-dessus ?

GÉRONIMO.

Je vous prie auparavant de me dire une chose.

SGANARELLE.

Et quoi ?

GÉRONIMO.

Quel âge pouvez-vous bien avoir maintenant ?

SGANARELLE.

Moi ?

GÉRONIMO.

Oui.

SGANARELLE.

Ma foi, je ne sais ; mais je me porte bien.

GÉRONIMO.

Quoi ! vous ne savez pas à peu près votre âge ?

SGANARELLE.

Non. Est-ce qu'on songe à cela ?

GÉRONIMO.

Hé ! dites-moi un peu, s'il vous plaît, combien aviez-vous d'années lorsque nous fîmes connoissance ?

SGANARELLE.

Ma foi, je n'avois que vingt ans alors.

GÉRONIMO.

Combien fûmes-nous ensemble à Rome?

SGANARELLE.

Huit ans.

GÉRONIMO.

Quel temps avez-vous demeuré en Angleterre?

SGANARELLE.

Sept ans.

GÉRONIMO.

Et en Hollande, où vous fûtes ensuite?

SGANARELLE.

Cinq ans et demi.

GÉRONIMO.

Combien y a-t-il que vous êtes revenu ici?

SGANARELLE.

Je revins en cinquante-deux.

GÉRONIMO.

De cinquante-deux à soixante-quatre il y a douze ans, ce me semble; cinq en Hollande font dix-sept, sept en Angleterre font vingt-quatre, huit dans notre séjour à Rome font trente-deux, et vingt que vous aviez lorsque nous nous connûmes, cela fait justement cinquante-deux : si bien, seigneur Sganarelle, que, sur votre propre confession, vous êtes environ à votre cinquante-deuxième ou cinquante-troisième année.

SGANARELLE.

Qui? moi? cela ne se peut pas.

SCÈNE II.

GÉRONIMO.

Mon Dieu! le calcul est juste; et là-dessus je vous dirai en ami, comme vous m'avez fait promettre de vous parler, que le mariage n'est guère votre fait. C'est une chose à laquelle il faut que les jeunes gens pensent bien mûrement avant que de la faire : mais les gens de votre âge n'y doivent point penser du tout; et si l'on dit que la plus grande de toutes les folies est celle de se marier, je ne vois rien de plus mal à propos que de la faire cette folie, dans la saison où nous devons être plus sages. Enfin je vous en dis nettement ma pensée : je ne vous conseille point de songer au mariage ; et je vous trouverois le plus ridicule du monde, si, ayant été libre jusqu'à cette heure, vous alliez vous charger maintenant de la plus pesante des chaînes.

SGANARELLE.

Et moi, je vous dis que je suis résolu de me marier, et que je ne serai point ridicule en épousant la fille que je recherche.

GÉRONIMO.

Ah! c'est une autre chose. Vous ne m'aviez pas dit cela.

SGANARELLE.

C'est une fille qui me plaît, et que j'aime de tout mon cœur.

GÉRONIMO.

Vous l'aimez de tout votre cœur?

SGANARELLE.

Sans doute, et je l'ai demandée à son père.

GÉRONIMO.

Vous l'avez demandée?

SGANARELLE.

Oui. C'est un mariage qui doit se conclure ce soir; et j'ai donné ma parole.

GÉRONIMO.

Oh! mariez-vous donc; je ne dis plus mot.

SGANARELLE.

Je quitterois le dessein que j'ai fait! Vous semble-t-il seigneur Géronimo, que je ne sois plus propre à songer à une femme? Ne parlons point de l'âge que je puis avoir; mais regardons seulement les choses. Y a-t-il homme de trente ans qui paroisse plus frais et plus vigoureux que vous me voyez? N'ai-je pas tous les mouvements de mon corps aussi bons que jamais? et voit-on que j'aie besoin de carrosse ou de chaise pour cheminer? N'ai-je pas encore toutes mes dents les meilleures du monde? (Il montre ses dents.) Ne fais-je pas vigoureusement mes quatre repas par jour? et peut-on voir un estomac qui ait plus de force que le mien? (Il tousse.) Hem, hem, hem. Hé! qu'en dites-vous?

GÉRONIMO.

Vous avez raison, je m'étois trompé. Vous ferez bien de vous marier.

SGANARELLE.

J'y ai répugné autrefois; mais j'ai maintenant de puissantes raisons pour cela. Outre la joie que

SCÈNE II.

j'aurai de posséder une belle femme qui me dorlotera, et me viendra frotter lorsque je serai las ; outre cette joie, dis-je, je considère qu'en demeurant comme je suis je laisse périr dans le monde la race des Sganarelle, et qu'en me mariant je pourrai me voir revivre en d'autres moi-même ; que j'aurai le plaisir de voir des créatures qui seront sorties de moi, de petites figures qui me ressembleront comme deux gouttes d'eau, qui se joueront continuellement dans la maison, qui m'appelleront leur papa quand je reviendrai de la ville, et me diront de petites folies les plus agréables du monde. Tenez, il me semble déjà que j'y suis, et que j'en vois une demi-douzaine autour de moi.

GÉRONIMO.

Il n'y a rien de plus agréable que cela ; et je vous conseille de vous marier le plus vite que vous pourrez.

SGANARELLE.

Tout de bon, vous me le conseillez ?

GÉRONIMO.

Assurément. Vous ne sauriez mieux faire.

SGANARELLE.

Vraiment, je suis ravi que vous me donniez conseil en véritable ami.

GÉRONIMO.

Hé ! quelle est la personne, s'il vous plaît, avec qui vous allez vous marier ?

SGANARELLE.

Dorimène.

GÉRONIMO.

Cette jeune Dorimène si galante et si bien parée?

SGANARELLE.

Oui.

GÉRONIMO.

Fille du seigneur Alcantor?

SGANARELLE.

Justement.

GÉRONIMO.

Et sœur d'un certain Alcidas qui se mêle de porter l'épée?

SGANARELLE.

C'est cela.

GÉRONIMO.

Vertu de ma vie!

SGANARELLE.

Qu'en dites-vous?

GÉRONIMO.

Bon parti! mariez-vous promptement.

SGANARELLE.

N'ai-je pas raison d'avoir fait ce choix?

GÉRONIMO.

Sans doute. Ah! que vous serez bien marié! Dépêchez-vous de l'être.

SGANARELLE.

Vous me comblez de joie de me dire cela. Je vous remercie de votre conseil, et je vous invite ce soir à mes noces.

GÉRONIMO.

Je n'y manquerai pas; et je veux y aller en masque, afin de les mieux honorer.

SCÈNE II.

SGANARELLE.

Serviteur.

GÉRONIMO, à part.

La jeune Dorimène, fille du seigneur Alcantor, avec le seigneur Sganarelle, qui n'a que cinquante-trois ans! O le beau mariage! ô le beau mariage! (Ce qu'il répète plusieurs fois en s'en allant.)

SCÈNE III.

SGANARELLE.

CE mariage doit être heureux; car il donne de la joie à tout le monde, et je fais rire tous ceux à qui j'en parle. Me voilà maintenant le plus content des hommes.

SCÈNE IV.

DORIMÈNE, SGANARELLE.

DORIMÈNE, dans le fond du théâtre, à un petit laquais qui la suit.

ALLONS, petit garçon, qu'on tienne bien ma queue, et qu'on ne s'amuse pas à badiner.

SGANARELLE, à part, apercevant Dorimène.

Voici ma maîtresse qui vient. Ah! qu'elle est agréable! Quel air et quelle taille! Peut-il y avoir un homme qui n'ait, en la voyant, des démangeaisons de se marier? (A Dorimène.) Où allez-vous, belle mignonne, chère épouse future de votre époux futur?

DORIMÈNE.

Je vais faire quelques emplettes.

SGANARELLE.

Hé bien ! ma belle, c'est maintenant que nous allons être heureux l'un et l'autre. Vous ne serez plus en droit de me rien refuser; et je pourrai faire avec vous tout ce qu'il me plaira, sans que personne s'en scandalise. Vous allez être à moi depuis la tête jusqu'aux pieds : et je serai maître de tout ; de vos petits yeux éveillés, de votre petit nez fripon, de vos lèvres appétissantes, de vos oreilles amoureuses, de votre petit menton joli, de vos petits tétons rondelets, de votre... enfin toute votre personne sera à ma discrétion, et je serai à même pour vous caresser comme je voudrai. N'êtes-vous pas bien aise de ce mariage, mon aimable poupoune ?

DORIMÈNE.

Tout-à-fait aise, je vous jure. Car enfin la sévérité de mon père m'a tenue jusques ici dans une sujétion la plus fâcheuse du monde. Il y a je ne sais combien que j'enrage du peu de liberté qu'il me donne ; et j'ai cent fois souhaité qu'il me mariât, pour sortir promptement de la contrainte où j'étois avec lui, et me voir en état de faire ce que je voudrai. Dieu merci, vous êtes venu heureusement pour cela ; et je me prépare désormais à me donner du divertissement, et à réparer comme il faut le temps que j'ai perdu. Comme vous êtes un fort galant homme, et que vous savez comme il faut vivre, je crois que nous ferons le meilleur ménage du monde ensemble, et que vous ne serez point de ces maris incommodes qui veulent que leurs femmes vivent comme des loups-garous. Je vous avoue que je ne m'accommoderois pas de cela, et que la solitude me désespère. J'aime le jeu, les visites, les assemblées, les cadeaux et les promenades, en un mot toutes les choses de plaisir ; et vous devez être ravi d'avoir une femme de mon humeur. Nous n'aurons jamais aucun démêlé ensemble : et je ne vous contraindrai point dans vos actions, comme j'espère que, de votre côté, vous ne me contraindrez point dans les miennes ; car pour moi, je tiens qu'il faut avoir une complaisance mutuelle, et qu'on ne se doit point marier pour se faire enrager l'un l'autre. Enfin nous vivrons, étant mariés, comme deux personnes qui savent leur monde : aucun soupçon jaloux ne nous troublera la cervelle ; et c'est assez que vous serez assuré de ma fidélité, comme je serai persuadée de la vôtre. Mais qu'avez-vous ? je vous vois tout changé de visage.

SGANARELLE.

Ce sont quelques vapeurs qui me viennent de monter à la tête.

DORIMÈNE.

C'est un mal aujourd'hui qui attaque beaucoup de gens ; mais notre mariage vous dissipera tout cela. Adieu : il me tarde déjà que je n'aie des habits raisonnables pour quitter vite ces guenilles. Je m'en vais de ce pas achever d'acheter toutes les choses qu'il me faut, et je vous enverrai les marchands.

SCÈNE V.

GÉRONIMO, SGANARELLE.

GÉRONIMO.

Ah ! Seigneur Sganarelle, je suis ravi de vous trouver encore ici; et j'ai rencontré un orfèvre qui, sur le bruit que vous cherchiez quelque beau diamant en bague pour faire un présent à votre épouse, m'a fort prié de vous venir parler pour lui, et de vous dire qu'il en a un à vendre, le plus parfait du monde.

SGANARELLE.

Mon Dieu ! cela n'est pas pressé.

GÉRONIMO.

Comment ! que veut dire cela ? Où est l'ardeur que vous montriez tout à l'heure ?

SGANARELLE.

Il m'est venu, depuis un moment, de petits scrupules sur le mariage. Avant que de passer plus avant, je voudrois bien agiter à fond cette matière, et que l'on m'expliquât un songe que j'ai fait cette nuit, et qui vient tout à l'heure de me revenir dans l'esprit. Vous savez que les songes sont comme des miroirs où l'on découvre quelquefois tout ce qui nous doit arriver. Il me sembloit que j'étois dans un vaisseau, sur une mer bien agitée, et que...

GÉRONIMO.

Seigneur Sganarelle, j'ai maintenant quelque petite affaire qui m'empêche de vous ouïr. Je n'entends rien du tout aux songes ; et, quant

SCÈNE V.

au raisonnement du mariage, vous avez deux savants, deux philosophes vos voisins, qui sont gens à vous débiter tout ce qu'on peut dire sur ce sujet. Comme ils sont de sectes différentes, vous pouvez examiner leurs diverses opinions là-dessus. Pour moi, je me contente de ce que je vous ai dit tantôt, et demeure votre serviteur.

SGANARELLE, seul.

Il a raison : il faut que je consulte un peu ces gens-là sur l'incertitude où je suis.

SCÈNE VI.

PANCRACE, SGANARELLE.

PANCRACE, se tournant du côté par où il est entré, et sans voir Sganarelle.

Allez, vous êtes un impertinent, mon ami, un homme ignare de toute bonne discipline, bannissable de la république des lettres.

SGANARELLE.

Ah ! bon. En voici un fort à propos.

PANCRACE, de même, sans voir Sganarelle.

Oui, je te soutiendrai par vives raisons, je te montrerai par Aristote, le philosophe des philosophes, que tu es un ignorant, un ignorantissime, ignorantifiant et ignorantifié, par tous les cas et modes imaginables.

SGANARELLE, à part.

Il a pris querelle contre quelqu'un. (A Pancrace.) Seigneur...

PANCRACE, *de même, sans voir Sganarelle.*

Tu te veux mêler de raisonner, et tu ne sais pas seulement les éléments de la raison.

SGANARELLE, *à part.*

La colère l'empêche de me voir. (A Pancrace.) Seigneur...

PANCRACE, *de même, sans voir Sganarelle.*

C'est une proposition condamnable dans toutes les terres de la philosophie.

SGANARELLE, *à part.*

Il faut qu'on l'ait fort irrité. (A Pancrace.) Je...

PANCRACE, *de même, sans voir Sganarelle.*

Toto cœlo, totâ viâ aberras.

SGANARELLE.

Je baise les mains à monsieur le docteur.

PANCRACE.

Serviteur.

SGANARELLE.

Peut-on...?

PANCRACE, *se retournant vers l'endroit par où il est entré.*

Sais-tu bien ce que tu as fait? un syllogisme *in balordo.*

SGANARELLE.

Je vous...

PANCRACE, *de même.*

La majeure en est inepte, la mineure impertinente; et la conclusion ridicule.

SGANARELLE.

Je...

PANCRACE, *de même.*

Je creverois plutôt que d'avouer ce que tu

dis ; et je soutiendrai mon opinion jusqu'à la dernière goutte de mon encre.

SGANARELLE.

Puis-je...?

PANCRACE, de même.

Oui, je défendrai cette proposition, *pugnis et calcibus, unguibus et rostro.*

SGANARELLE.

Seigneur Aristote, peut-on savoir ce qui vous met si fort en colère ?

PANCRACE.

Un sujet le plus juste du monde.

SGANARELLE.

Et quoi encore ?

PANCRACE.

Un ignorant m'a voulu soutenir une proposition erronée, une proposition épouvantable, effroyable, exécrable.

SGANARELLE.

Puis-je demander ce que c'est ?

PANCRACE.

Ah! seigneur Sganarelle, tout est renversé aujourd'hui, et le monde est tombé dans une corruption générale : une licence épouvantable règne partout ; et les magistrats qui sont établis pour maintenir l'ordre dans cet État devroient mourir de honte en souffrant un scandale aussi intolérable que celui dont je veux parler.

SGANARELLE.

Quoi donc ?

PANCRACE.

N'est-ce pas une chose horrible, une chose qui crie vengeance au ciel, que d'endurer qu'on dise publiquement la forme d'un chapeau?

SGANARELLE.

Comment?

PANCRACE.

Je soutiens qu'il faut dire la figure d'un chapeau, et non pas la forme : d'autant qu'il y a cette différence entre la forme et la figure, que la forme est la disposition extérieure des corps qui sont animés; et la figure, la disposition extérieure des corps qui sont inanimés : et puisque le chapeau est un corps inanimé, il faut dire la figure d'un chapeau, et non pas la forme.

(Se retournant encore du côté par où il est entré.)

Oui, ignorant que vous êtes, c'est ainsi qu'il faut parler; et ce sont les termes exprès d'Aristote dans le chapitre de la qualité.

SGANARELLE, à part.

Je pensois que tout fût perdu. (A Pancrace.) Seigneur docteur, ne songez plus à tout cela... Je...

PANCRACE.

Je suis dans une colère, que je ne me sens pas.

SGANARELLE.

Laissez la forme et le chapeau en paix. J'ai quelque chose à vous communiquer. Je...

PANCRACE.

Impertinent!

SGANARELLE.

De grâce, remettez-vous. Je...

SCÈNE VI.

PANCRACE.

Ignorant !

SGANARELLE.

Hé ! mon Dieu ! Je...

PANCRACE.

Me vouloir soutenir une proposition de la sorte !

SGANARELLE.

Il a tort. Je...

PANCRACE.

Une proposition condamnée par Aristote !

SGANARELLE.

Cela est vrai. Je...

PANCRACE.

En termes exprès !

SGANARELLE.

Vous avez raison. (Se tournant du côté par où Pancrace est entré.) Oui, vous êtes un sot et un impudent de vouloir disputer contre un docteur qui sait lire et écrire. Voilà qui est fait : je vous prie de m'écouter. Je viens vous consulter sur une affaire qui m'embarrasse. J'ai dessein de prendre une femme pour me tenir compagnie dons mon ménage. La personne est belle et bien faite ; elle me plaît beaucoup, et est ravie de m'épouser : son père me l'a accordée. Mais je crains un peu ce que vous savez, la disgrâce dont on ne plaint personne ; et je voudrois bien vous prier, comme philosophe, de me dire votre sentiment. Hé ! quel est votre avis là-dessus ?

PANCRACE.

Plutôt que d'accorder qu'il faille dire la

forme d'un chapeau, j'accorderois que *datur vacuum in rerum naturâ*, et que je ne suis qu'une bête.

SGANARELLE, à part.

La peste soit de l'homme! (A Pancrace.) Hé! monsieur le docteur, écoutez un peu les gens. On vous parle une heure durant, et vous ne répondez point à ce qu'on vous dit.

PANCRACE.

Je vous demande pardon. Une juste colère m'occupe l'esprit.

SGANARELLE.

Hé! laissez tout cela, et prenez la peine de m'écouter.

PANCRACE.

Soit. Que voulez-vous me dire?

SGANARELLE.

Je veux vous parler de quelque chose.

PANCRACE.

Et de quelle langue voulez-vous vous servir avec moi?

SGANARELLE.

De quelle langue?

PANCRACE.

Oui.

SGANARELLE.

Parbleu! de la langue que j'ai dans la bouche. Je crois que je n'irai pas emprunter celle de mon voisin.

PANCRACE.

Je vous dis, de quel idiome, de quel langage?

SCÈNE VI.

SGANARELLE.

Ah! c'est une autre affaire.

PANCRACE.

Voulez-vous me parler italien?

SGANARELLE.

Non.

PANCRACE.

Espagnol?

SGANARELLE.

Non.

PANCRACE.

Allemand?

SGANARELLE.

Non.

PANCRACE.

Anglois?

SGANARELLE.

Non.

PANCRACE.

Latin?

SGANARELLE.

Non.

PANCRACE.

Grec?

SGANARELLE.

Non.

PANCRACE.

Hébreu?

SGANARELLE.

Non.

PANCRACE.

Syriaque?

SGANARELLE.

Non.

PANCRACE.

Turc?

SGANARELLE.

Non.

PANCRACE.

Arabe?

SGANARELLE.

Non, non; françois, françois, françois.

PANCRACE.

Ah! françois.

SGANARELLE.

Fort bien.

PANCRACE.

Passez donc de l'autre côté; car cette oreille-ci est destinée pour les langues scientifiques et étrangères, et l'autre est pour la vulgaire et la maternelle.

SGANARELLE, à part.

Il faut bien des cérémonies avec ces sortes de gens-ci.

PANCRACE.

Que voulez-vous?

SGANARELLE.

Vous consulter sur une petite difficulté.

PANCRACE.

Ah! ah! sur une difficulté de philosophie, sans doute?

SCÈNE VI.

SGANARELLE.

Pardonnez-moi. Je...

PANCRACE.

Vous voulez peut-être savoir si la substance et l'accident sont termes synonymes ou équivoques à l'égard de l'être.

SGANARELLE.

Point du tout. Je...

PANCRACE.

Si la logique est un art ou une science ?

SGANARELLE.

Ce n'est pas cela.

PANCRACE.

Si elle a pour objet les trois opérations de l'esprit, ou la troisième seulement ?

SGANARELLE.

Non. Je...

PANCRACE.

S'il y a dix catégories, ou s'il n'y en a qu'une ?

SGANARELLE.

Point. Je...

PANCRACE.

Si la conclusion est de l'essence du syllogisme ?

SGANARELLE.

Nenni. Je...

PANCRACE.

Si l'essence du bien est mise dans l'appétibilité, ou dans la convenance ?

SGANARELLE.

Non. Je...

PANCRACE.

Si le bien se réciproque avec la fin?

SGANARELLE.

Hé! non. Je...

PANCRACE.

Si la fin nous peut émouvoir par son être réel, ou par son être intentionnel?

SGANARELLE.

Non, non, non, non, non, de par tous les diables, non.

PANCRACE.

Expliquez donc votre pensée, car je ne puis pas la deviner.

SGANARELLE.

Je vous la veux expliquer aussi; mais il faut m'écouter.

(Pendant que Sganarelle dit:)

L'affaire que j'ai à vous dire, c'est que j'ai envie de me marier avec une fille qui est jeune et belle. Je l'aime fort, et je l'ai demandée à son père; mais comme j'appréhende....

PANCRACE dit en même temps, sans écouter Sganarelle.

La parole a été donnée à l'homme pour expliquer ses pensées; et tout ainsi que les pensées sont les portraits des choses, de même nos paroles sont-elles les portraits de nos pensées.

(Sganarelle impatienté ferme la bouche du docteur avec sa main à plusieurs reprises; et le docteur continue de parler d'abord que Sganarelle ôte sa main.)

Mais ces portraits diffèrent des autres portraits en ce que les autres portraits sont distingués

SCÈNE VI.

partout de leurs originaux, et que la parole enferme en soi son original, puisqu'elle n'est autre chose que la pensée expliquée par un signe extérieur ; d'où vient que ceux qui pensent bien sont aussi ceux qui parlent le mieux. Expliquez-moi donc votre pensée par la parole qui est le plus intelligible de tous les signes.

SGANARELLE *pousse le docteur dans sa maison, et tire la porte pour l'empêcher de sortir.*

Peste de l'homme !

PANCRACE, *au dedans de sa maison.*

Oui, la parole est *animi index et speculum*. C'est le truchement du cœur, c'est l'image de l'âme.

(*Il monte à la fenêtre, et continue.*)

C'est un miroir qui nous présente naïvement les secrets les plus arcanes de nos individus ; et, puisque vous avez la faculté de ratiociner et de parler tout ensemble, à quoi tient-il que vous ne vous serviez de la parole pour me faire entendre votre pensée ?

SGANARELLE.

C'est ce que je veux faire : mais vous ne voulez pas m'écouter.

PANCRACE.

Je vous écoute, parlez.

SGANARELLE.

Je dis donc, monsieur le docteur, que...

PANCRACE.

Mais surtout soyez bref.

SGANARELLE.
Je le serai.
PANCRACE.
Évitez la prolixité.
SGANARELLE.
Hé! monsi...
PANCRACE.
Tranchez-moi votre discours d'un apophthegme à la laconienne.
SGANARELLE.
Je vous...
PANCRACE.
Point d'ambages, de circonlocution.

(Sganarelle, de dépit de ne pouvoir parler, ramasse des pierres pour en casser la tête du docteur.)

PANCRACE.
Hé quoi! vous vous emportez, au lieu de vous expliquer. Allez, vous êtes plus impertinent que celui qui m'a voulu soutenir qu'il faut dire la forme d'un chapeau; et je vous prouverai en toute rencontre, par raisons démonstratives et convaincantes, et par arguments *in barbara*, que vous n'êtes et ne serez jamais qu'une pécore et que je suis et serai toujours *in utroque jure* le docteur Pancrace.

SGANARELLE.
Quel diable de babillard!

PANCRACE, en rentrant sur le théâtre.
Homme de lettres, homme d'érudition...

SGANARELLE.
Encore!

PANCRACE.
Homme de suffisance, homme de capacité;

(s'en allant) homme consommé dans toutes les sciences, naturelles, morales et politiques; (revenant) homme savant, savantissime, *per omnes modos et casus;* (s'en allant) homme qui possède, *superlativè*, fable, mythologie et histoire, (revenant) grammaire, poésie, rhétorique, dialectique et sophistique, (s'en allant) mathématique, arithmétique, optique, onirocritique, physique et métaphysique, (revenant) cosmométrie, géométrie, architecture, spéculoire et spéculatoire, (s'en allant) médecine, astronomie, astrologie, physionomie, métoposcopie, chiromancie, géomancie, etc.

SCÈNE VII.
SGANARELLE.

Au diable les savants qui ne veulent point écouter les gens ! On me l'avoit bien dit que son maître Aristote n'étoit rien qu'un bavard. Il faut que j'aille trouver l'autre ; peut-être qu'il sera plus posé et plus raisonnable. Holà !

SCÈNE VIII.
MARPHURIUS, SGANARELLE.

MARPHURIUS.

Que voulez-vous de moi, seigneur Sganarelle ?

SGANARELLE.

Seigneur docteur, j'aurois besoin de votre conseil sur une petite affaire dont il s'agit, et je suis venu ici pour cela. (A part.) Ah ! voilà qui va bien. Il écoute le monde, celui-ci.

MARPHURIUS.

Seigneur Sganarelle, changez, s'il vous plaît, cette façon de parler. Notre philosophie ordonne de ne point énoncer de proposition décisive, de parler de tout avec incertitude, de suspendre toujours son jugement ; et, par cette raison, vous ne devez pas dire, Je suis venu, mais, Il me semble que je suis venu.

SGANARELLE.

Il me semble !

MARPHURIUS.

Oui.

SGANARELLE.

Parbleu ! il faut bien qu'il me le semble, puisque cela est.

MARPHURIUS.

Ce n'est pas une conséquence ; et il peut vous le sembler, sans que la chose soit véritable.

SGANARELLE.

Comment ! il n'est pas vrai que je suis venu ?

MARPHURIUS.

Cela est incertain, et nous devons douter de tout.

SGANARELLE.

Quoi ! je ne suis pas ici, et vous ne me parlez pas ?

MARPHURIUS.

Il m'apparoît que vous êtes là, et il me semble que je vous parle : mais il n'est pas assuré que cela soit.

SGANARELLE.

Hé ! que diable ! vous vous moquez. Me voilà,

SCÈNE VIII.

et vous voilà bien nettement, et il n'y a point de me semble à tout cela. Laissons ces subtilités, je vous prie, et parlons de mon affaire. Je viens vous dire que j'ai envie de me marier.

MARPHURIUS.

Je n'en sais rien.

SGANARELLE.

Je vous le dis.

MARPHURIUS.

Il se peut faire.

SGANARELLE.

La fille que je veux prendre est fort jeune et fort belle.

MARPHURIUS.

Il n'est pas impossible.

SGANARELLE.

Ferai-je bien ou mal de l'épouser?

MARPHURIUS.

L'un ou l'autre.

SGANARELLE, à part.

Ah! ah! voici une autre musique. (A Marphurius.) Je vous demande si je ferai bien d'épouser la fille dont je vous parle.

MARPHURIUS.

Selon la rencontre.

SGANARELLE.

Ferai-je mal!

MARPHURIUS.

Par aventure.

SGANARELLE.
De grâce, répondez-moi comme il faut.
MARPHURIUS.
C'est mon dessein.
SGANARELLE.
J'ai une grande inclination pour la fille.
MARPHURIUS.
Cela peut être.
SGANARELLE.
Le père me l'a accordée.
MARPHURIUS.
Il se pourroit.
SGANARELLE.
Mais, en l'épousant, je crains d'être cocu.
MARPHURIUS.
La chose est faisable.
SGANARELLE.
Qu'en pensez-vous ?
MARPHURIUS.
Il n'y a pas d'impossibilité.
SGANARELLE.
Mais que feriez-vous si vous étiez à ma place?
MARPHURIUS.
Je ne sais.
SGANARELLE.
Que me conseillez-vous de faire?
MARPHURIUS.
Ce qu'il vous plaira.
SGANARELLE.
J'enrage.

SCÈNE VIII.

MARPHURIUS.

Je m'en lave les mains.

SGANARELLE.

Au diable soit le vieux rêveur!

MARPHURIUS.

Il en sera ce qu'il pourra.

SGANARELLE, à part.

La peste du bourreau! Je te ferai changer de note, chien de philosophe enragé.

(Il donne des coups de bâton à Marphurius.)

MARPHURIUS.

Ah! ah! ah!

SGANARELLE.

Te voilà payé de ton galimatias, et me voilà content.

MARPHURIUS.

Comment! Quelle insolence! M'outrager de la sorte! Avoir eu l'audace de battre un philosophe comme moi!

SGANARELLE.

Corrigez, s'il vous plaît, cette manière de parler. Il faut douter de toute chose; et vous ne devez pas dire que je vous ai battu, mais qu'il vous semble que je vous ai battu.

MARPHURIUS.

Ah! je m'en vais faire ma plainte au commissaire du quartier des coups que j'ai reçus.

SGANARELLE.

Je m'en lave les mains.

MARPHURIUS.

J'en ai les marques sur ma personne.

SGANARELLE.

Il se peut faire.

MARPHURIUS.

C'est toi qui m'as traité ainsi.

SGANARELLE.

Il n'y a pas d'impossibilité.

MARPHURIUS.

J'aurai un décret contre toi.

SGANARELLE.

Je n'en sais rien.

MARPHURIUS.

Tu seras condamné en' justice.

SGANARELLE.

Il en sera ce qu'il pourra.

MARPHURIUS.

Laisse-moi faire.

SCÈNE IX.
SGANARELLE.

Comment ! on ne sauroit tirer une parole positive de ce chein d'homme-là, et l'on est aussi savant à la fin qu'au commencement ! Que dois-je faire dans l'incertitude des suites de mon mariage ? Jamais homme ne fut plus embarrassé que je suis. Ah ! voici des Bohémiennes : il faut que je me fasse dire par elles ma bonne aventure.

SCÈNE X.
DEUX BOHÉMIENNES, SGANARELLE.

(Les deux Bohémiennes, avec leur tambour de Basque, entrent en chantant et en dansant.)

SGANARELLE.

Elles sont gaillardes. Ecoutez, vous autres : y a-t-il moyen de me dire ma bonne fortune?

Ire BOHÉMIENNE.

Oui, mon bon monsieur, nous voici deux qui te la dirons.

IIe BOHÉMIENNE.

Tu n'as seulement qu'à nous donner ta main avec la croix dedans ; et nous te dirons quelque chose pour ton bon profit.

SGANARELLE.

Tenez, les voilà toutes deux, avec ce que vous demandez.

Ire BOHÉMIENNE.

Tu as une bonne physionomie, mon bon monsieur, une bonne physionomie.

IIe BOHÉMIENNE.

Oui, une bonne physionomie; physionomie d'un homme qui sera un jour quelque chose.

Ire BOHÉMIENNE.

Tu seras marié avant qu'il soit peu, mon bon monsieur; tu seras marié avant qu'il soit peu.

IIe BOHÉMIENNE.

Tu épouseras une femme gentille, une femme gentille.

Iʳᵉ BOHÉMIENNE.

Oui, une femme qui sera chérie et aimée de tout le monde.

IIᵉ BOHÉMIENNE.

Une femme qui te fera beaucoup d'amis, mon bon monsieur, qui te fera beaucoup d'amis.

Iʳᵉ BOHÉMIENNE.

Une femme qui fera venir l'abondance chez toi.

IIᵉ BOHÉMIENNE.

Une femme qui te donnera une grande réputation.

Iʳᵉ BOHÉMIENNE.

Tu seras considéré par elle, mon bon monsieur ; tu seras considéré par elle.

SGANARELLE.

Voilà qui est bien. Mais dites-moi un peu, suis-je menacé d'être cocu ?

IIᵉ BOHÉMIENNE.

Cocu ?

SGANARELLE.

Oui.

Iʳᵉ BOHÉMIENNE.

Cocu ?

SGANARELLE.

Oui, si je suis menacé d'être cocu.
(Les deux Bohémiennes dansent et chantent.)

SGANARELLE.

Que diable ! ce n'est pas là me répondre. Venez çà : je vous demande à toutes deux si je serai cocu.

IIᵉ BOHÉMIENNE.

Cocu ? vous ?

SCÈNE X.

SGANARELLE.

Oui, si je serai cocu.

1re BOHÉMIENNE.

Vous ? cocu ?

SGANARELLE.

Oui, si je le serai, ou non.

(Les deux Bohémiennes sortent en chantant et en dansant.)

SCÈNE XI.

SGANARELLE.

Peste soit des carognes qui me laissent dans l'inquiétude ! Il faut absolument que je sache la destinée de mon mariage ; et, pour cela, je veux aller trouver ce grand magicien dont tout le monde parle tant, et qui, par son art admirable, fait voir tout ce que l'on souhaite. Ma foi, je crois que je n'ai que faire d'aller au magicien, et voici qui me montre tout ce que je puis demander.

SCÈNE XII.

DORIMÈNE, LYCASTE, SGANARELLE,
RETIRÉ DANS UN COIN DU THÉATRE SANS ÊTRE VU.

LYCASTE.

Quoi ! belle Dorimène ; c'est sans raillerie que vous parlez ?

DORIMÈNE.

Sans raillerie.

LYCASTE.

Vous vous mariez tout de bon?

DORIMÈNE.

Tout de bon.

LYCASTE.

Et vos noces se feront dès ce soir?

DORIMÈNE.

Dès ce soir.

LYCASTE.

Et vous pouvez, cruelle que vous êtes, oublier de la sorte l'amour que j'ai pour vous, et les obligeantes paroles que vous m'aviez données?

DORIMÈNE.

Moi? point du tout. Je vous considère toujours de même; et ce mariage ne doit point vous inquiéter. C'est un homme que je n'épouse point par amour, et sa seule richesse me fait résoudre à l'accepter. Je n'ai point de bien, vous n'en avez point aussi; et vous savez que sans cela on passe mal le temps au monde, et qu'à quelque prix que ce soit il faut tâcher d'en avoir. J'ai embrassé cette occasion-ci de me mettre à mon aise; et je l'ai fait sur l'espérance de me voir bientôt délivrée du barbon que je prends. C'est un homme qui mourra avant qu'il soit peu, et qui a tout au plus six mois dans le ventre. Je vous le garantis défunt dans le temps que je dis; et je n'aurai pas longuement à demander pour moi au ciel l'heureux état de veuve...

(A Sganarelle qu'elle aperçoit.)

Ah! nous parlions de vous, et nous en disions tout le bien qu'on en sauroit dire.

SCÈNE XII.

LYCASTE.

Est-ce là monsieur ?

DORIMÈNE.

Oui, c'est monsieur qui me prend pour femme.

LYCASTE.

Agréez, monsieur, que je vous félicite de votre mariage, et vous présente en même temps mes très-humbles services : je vous assure que vous épousez là une très-honnête personne. Et vous, mademoiselle, je me réjouis avec vous aussi de l'heureux choix que vous avez fait : vous ne pouviez pas mieux trouver ; et monsieur a toute la mine d'être un fort bon mari. Oui, monsieur, je veux faire amitié avec vous, et lier ensemble un petit commerce de visites et de divertissements.

DORIMÈNE.

C'est trop d'honneur que vous nous faites à tous deux. Mais allons, le temps me presse, et nous aurons tout le loisir de nous entretenir ensemble.

SCÈNE XIII.

SGANARELLE.

Me voilà tout-à-fait dégoûté de mon mariage ; et je crois que je ne ferai pas mal de m'aller dégager de ma parole. Il m'en a coûté quelque argent ; mais il vaut mieux encore perdre cela que de m'exposer à quelque chose de pis. Tâchons adroitement de nous débarrasser de cette affaire. Holà !

(Il frappe à la porte de la maison d'Alcantor.)

SCÈNE XIV.

ALCANTOR, SGANARELLE.

ALCANTOR.

Ah ! mon gendre, soyez le bienvenu.

SGANARELLE.

Monsieur, votre serviteur.

ALCANTOR.

Vous venez pour conclure le mariage ?

SGANARELLE.

Excusez-moi.

ALCANTOR.

Je vous promets que j'en ai autant d'impatience que vous.

SGANARELLE.

Je viens ici pour un autre sujet.

ALCANTOR.

J'ai donné ordre à toutes les choses nécessaires pour cette fête.

SGANARELLE.

Il n'est pas question de cela.

ALCANTOR.

Les violons sont retenus, le festin est commandé, et ma fille est parée pour vous recevoir.

SGANARELLE.

Ce n'est pas ce qui m'amène.

ALCANTOR.

Enfin vous allez être satisfait; et rien ne peut retarder votre contentement.

SCÈNE XIV.

SGANARELLE.

Mon Dieu! c'est autre chose.

ALCANTOR.

Allons, entrez donc, mon gendre.

SGANARELLE.

J'ai un petit mot à vous dire.

ALCANTOR.

Ah! mon Dieu! ne faisons point de cérémonie. Entrez vite, s'il vous plaît.

SGANARELLE.

Non, vous dis-je. Je veux vous parler auparavant.

ALCANTOR.

Voulez-vous me dire quelque chose?

SGANARELLE.

Oui.

ALCANTOR.

Et quoi?

SGANARELLE.

Seigneur Alcantor, j'ai demandé votre fille en mariage, il est vrai, et vous me l'avez accordée; mais je me trouve un peu avancé en âge pour elle, et je considère que je ne suis point du tout son fait.

ALCANTOR.

Pardonnez-moi, ma fille vous trouve bien comme vous êtes; et je suis sûr qu'elle vivra fort contente avec vous.

SGANARELLE.

Point. J'ai parfois des bizarreries épouvantables, et elle auroit trop à souffrir de ma mauvaise humeur.

ALCANTOR.

Ma fille a de la complaisance, et vous verrez qu'elle s'accommodera entièrement à vous.

SGANARELLE.

J'ai quelques infirmités sur mon corps qui pourroient la dégoûter.

ALCANTOR.

Cela n'est rien. Une honnête femme ne se dégoûte jamais de son mari.

SGANARELLE.

Enfin voulez-vous que je vous dise? Je ne vous conseille point de me la donner.

ALCANTOR.

Vous moquez-vous? J'aimerois mieux mourir que d'avoir manqué à ma parole.

SGANARELLE.

Mon Dieu! je vous dispense; et je...

ALCANTOR.

Point du tout. Je vous l'ai promise; et vous l'aurez en dépit de tous ceux qui y prétendent.

SGANARELLE, à part.

Que diable!

ALCANTOR.

Voyez-vous? j'ai une estime et une amitié pour vous toute particulière; et je refuserois ma fille à un prince pour vous la donner.

SGANARELLE.

Seigneur Alcantor, je vous suis obligé de l'honneur que vous me faites; mais je vous déclare que je ne veux point me marier.

SCÈNE XIV.

ALCANTOR.

Qui ? vous ?

SGANARELLE.

Oui, moi.

ALCANTOR.

Et la raison ?

SGANARELLE.

La raison ? c'est que je ne me sens point propre pour le mariage, et que je veux imiter mon père et tous ceux de ma race, qui ne se sont jamais voulu marier.

ALCANTOR.

Écoutez. Les volontés sont libres ; et je suis homme à ne contraindre jamais personne. Vous vous êtes engagé avec moi pour épouser ma fille, et tout est préparé pour cela : mais, puisque vous voulez retirer votre parole, je vais voir ce qu'il y a à faire ; et vous aurez bientôt de mes nouvelles.

SCÈNE XV.

SGANARELLE.

Encore est-il plus raisonnable que je ne pensois, et je croyois avoir bien plus de peine à m'en dégager. Ma foi, quand j'y songe, j'ai foit fort sagement de me tirer de cette affaire ; j'allois faire un pas dont je me serois peut-être long-temps repenti. Mais voici le fils qui me vient rendre réponse.

SCÈNE XVI.

ALCIDAS, SGANARELLE.

ALCIDAS, *d'un ton doucereux.*

Monsieur, je suis votre serviteur très-humble.

SGANARELLE.

Monsieur, je suis le vôtre de tout mon cœur.

ALCIDAS, *toujours avec le même ton.*

Mon père m'a dit, monsieur, que vous vous étiez venu dégager de la parole que vous aviez donnée.

SGANARELLE.

Oui, monsieur. C'est avec regret, mais...

ALCIDAS.

Oh! monsieur, il n'y a pas de mal à cela.

SGANARELLE.

J'en suis fâché, je vous assure, et je souhaiterois...

ALCIDAS.

Cela n'est rien, vous dis-je.

(*Alcidas présente à Sganarelle deux épées.*)

Monsieur, prenez la peine de choisir de ces deux épées laquelle vous voulez.

SGANARELLE.

De ces deux épées?

ALCIDAS.

Oui, s'il vous plait.

SGANARELLE.

A quoi bon?

SCÈNE XVI.

ALCIDAS.

Monsieur, comme vous refusez d'épouser ma sœur après la parole donnée, je crois que vous ne trouverez pas mauvais le petit compliment que je viens vous faire.

SGANARELLE.

Comment?

ALCIDAS.

D'autres gens feroient plus de bruit, et s'emporteroient contre vous : mais nous sommes personnes à traiter les choses dans la douceur ; et je viens vous dire civilement qu'il faut, si vous le trouvez bon, que nous nous coupions la gorge ensemble.

SGANARELLE.

Voilà un compliment fort mal tourné.

ALCIDAS.

Allons, monsieur, choisissez, je vous prie.

SGANARELLE.

Je suis votre valet, je n'ai point de gorge à me couper. (A part) La vilaine façon de parler que voilà !

ALCIDAS.

Monsieur, il faut que cela soit, s'il vous plaît.

SGANARELLE.

Hé! monsieur, rengaînez ce compliment, je vous prie.

ALCIDAS.

Dépêchons vite, monsieur. J'ai une petite affaire qui m'attend.

SGANARELLE.

Je ne veux point de cela, vous dis-je

ALCIDAS.

Vous ne voulez pas vous battre ?

SGANARELLE.

Nenni, ma foi.

ALCIDAS.

Tout de bon ?

SGANARELLE.

Tout de bon.

ALCIDAS, après lui avoir donné des coups de bâton.

Au moins, monsieur, vous n'avez pas lieu de vous plaindre ; et vous voyez que je fais les choses dans l'ordre. Vous nous manquez de parole, je me veux battre contre vous ; vous refusez de vous battre, je vous donne des coups de bâton : tout cela est dans les formes ; et vous êtes trop honnête homme pour ne pas approuver mon procédé.

SGANARELLE, à part.

Quel diable d'homme est-ce ci ?

ALCIDAS lui présente encore les deux épées.

Allons, monsieur, faites les choses galamment, et sans vous faire tirer l'oreille.

SGANARELLE.

Encore ?

ALCIDAS.

Monsieur, je ne contrains personne ; mais il faut que vous vous battiez, ou que vous épousiez ma sœur.

SCÈNE XVI.

SGANARELLE.

Monsieur, je ne puis faire ni l'un ni l'autre, je vous assure.

ALCIDAS.

Assurément?

SGANARELLE.

Assurément.

ALCIDAS.

Avec votre permission donc...

(Alcidas lui donne encore des coups de bâton.)

SGANARELLE.

Ah! ah! ah!

ALCIDAS.

Monsieur, j'ai tous les regrets du monde d'être obligé d'en user ainsi avec vous ; mais je ne cesserai point, s'il vous plaît, que vous n'ayez promis de vous battre, ou d'épouser ma sœur.

(Alcidas lève le bâton.)

SGANARELLE.

Hé bien ! j'épouserai, j'épouserai.

ALCIDAS.

Ah ! monsieur, je suis ravi que vous vous mettiez à la raison, et que les choses se passent doucement : car enfin vous êtes l'homme du monde que j'estime le plus, je vous jure ; et j'aurois été au désespoir que vous m'eussiez contraint à vous maltraiter. Je vais appeler mon père pour lui dire que tout est d'accord.

(Il va frapper à la porte d'Alcantor.)

SCÈNE XVII.
ALCANTOR, DORIMÈNE, ALCIDAS, SGANARELLE.

ALCIDAS.

Mon père, voilà monsieur qui est tout-à-fait raisonnable. Il a voulu faire les choses de bonne grâce, et vous pouvez lui donner ma sœur.

ALCANTOR.

Monsieur, voilà sa main, vous n'avez qu'à donner la vôtre. Loué soit le ciel! m'en voilà déchargé; et c'est vous désormais que regarde le soin de sa conduite. Allons nous réjouir et célébrer cet heureux mariage.

FIN DU MARIAGE FORCÉ.

AVERTISSEMENT

DE L'ÉDITION DE 1773.

La comédie du *Mariage forcé* parut pour la première fois au Louvre le 29 janvier 1664, en trois actes, avec des récits de musique et des entrées de ballet, sous le titre de *Ballet du roi*. Le roi y dansoit une entrée.

Quand l'auteur fit représenter cette comédie sur le théâtre du Palais-Royal, au mois de novembre de la même année, il supprima les récits et les entrées de ballet, et réduisit sa pièce en un acte, en y faisant quelques changements.

Le plus considérable est la scène entre Lycaste et Dorimène, scène ajoutée pour suppléer à celle du magicien chantant et à l'entrée des démons qui déterminoient Sganarelle à rompre son mariage. Dans le ballet, qui fut imprimé dans le temps (*in-4°*, par Robert Ballard), il ne nous reste des demandes de Sganarelle au magicien que ce qu'on appelle, en termes de théâtre, *les répliques;* on a ajouté deux ou trois mots pour y donner un sens.

En faisant imprimer les récits, les entrées de ballet, et la distribution des scènes de la comédie du *Mariage forcé* en trois actes, on a supprimé les arguments de la comédie, comme étant inutiles, peu exacts, et assez mal faits.

LE MARIAGE FORCÉ,

BALLET DU ROI,

DANSÉ PAR SA MAJESTÉ LE 29 JANVIER 1664.

ACTE PREMIER.

SCÈNE I.
SGANARELLE, seul.

SCÈNE II.
SGANARELLE, GÉRONIMO.

SCÈNE III.
SGANARELLE, seul.

SCÈNE IV.
DORIMÈNE, SGANARELLE.

SCÈNE V.
SGANARELLE, seul.

(Il se plaignoit d'une pesanteur de tête insupportable, et se mettoit dans un coin du théâtre pour dormir. Pendant son sommeil, il voyoit en songe ce qui forme les deux premières entrées du ballet.

LA BEAUTÉ chante.

Si l'Amour vous soumet à ses lois inhumaines,
Choisissez, en aimant, un objet plein d'appas:
  Portez au moins de belles chaînes ;
Et, puisqu'il faut mourir, mourez d'un beau trépas.
Si l'objet de vos feux ne mérite vos peines,
Sous l'empire d'Amour ne vous engagez pas :
  Portez au moins d'aimables chaînes ;
Et, puisqu'il faut mourir, mourez d'un beau trépas.

PREMIÈRE ENTRÉE.
LA JALOUSIE, LES CHAGRINS, LES SOUPÇONS.

DEUXIÈME ENTRÉE.
QUATRE PLAISANTS OU GOGUENARDS.

ACTE SECOND.

(Au commencement de cet acte, Géronimo venoit éveiller Sganarelle.

SCÈNE I.
SGANARELLE, GÉRONIMO.

SCÈNE II.
SGANARELLE, seul.

SCÈNE III.
SGANARELLLE, PANCRACE.

SCÈNE IV.
SGANARELLE, seul.

SCÈNE V.
SGANARELLE, MARPHURIUS.

SCÈNE VI.
SGANARELLE, seul.

SCÈNE VII.
SGANARELLE, DEUX BOHÉMIENNES.

TROISIÈME ENTRÉE.
ÉGYPTIENS ET ÉGYPTIENNES, dansants.

SCÈNE VIII.

SGANARELLE, seul.

(Il alloit frapper à la porte du magicien.)

SCÈNE IX.

SGANARELLE, UN MAGICIEN.

LE MAGICIEN chante.

Hola !
Qui va là ?
Dis-moi vite quel souci
Te peut amener ici.

SGANARELLE.

(Il consultoit le magicien sur son mariage.)

LE MAGICIEN.

Ce sont de grands mystères
Que ces sortes d'affaires.

SGANARELLE.

(Il demandoit quelle seroit sa destinée.)

LE MAGICIEN.

Je te vais, pour cela, par mes charmes profonds,
Faire venir quatre démons.

SGANARELLE.

(Il marquoit la peur qu'il auroit de voir des démons.)

LE MAGICIEN.

Non, non, n'ayes aucune peur;
Je leur ôterai la laideur.

SGANARELLE.

(Il consentoit à les voir.)

LE MAGICIEN.

Des puissances invincibles

Rendent depuis long-temps tous les démons muets;
Mais, par signes intelligibles,
Ils répondront à tes souhaits.

SCÈNE X.
SGANARELLE, LE MAGICIEN.
QUATRIÈME ENTRÉE.

MAGICIENS ET DÉMONS.

(Sganarelle interroge les démons : ils répondent par signes, et sortent en lui faisant les cornes.)

ACTE TROISIÈME.

SCÈNE I.
SGANARELLE, seul.

SCÈNE II.
SGANARELLE, ALCANTOR.

SCÈNE III.
SGANARELLE, seul.

SCÈNE IV.
SGANARELLE, ALCIDAS.

SCÈNE V.
SGANARELLE, ALCANTOR, DORIMÈNE, ALCIDAS.

SCÈNE VI.
CINQUIÈME ENTRÉE.

UN MAÎTRE A DANSER venoit enseigner une courante à Sganarelle.

SCÈNE VII.
SGANARELLE, GÉRONIMO.

(Géronimo venoit se réjouir avec Sganarelle, et lui disoit que les jeunes gens de la ville avoient préparé une mascarade pour honorer ses noces.)

BALLET DU ROI.
CONCERT ESPAGNOL.

Ciego me tienes, Belisa,
Mas bien tus rigores veo;
Porque és tu desden tan claro,
Que pueden verlo los ciegos.

Aunque mi amor és tan grande;
Como mi dolor no és menos,
Si calla el uno dormido,
Sé que ya és el otro despierto.

Favores tuyos, Belisa,
Tuvieralos yo secretos;
Mas ya de dolores mios
No puedo hacer lo que quiero.

SIXIÈME ENTÉE.

DEUX ESPAGNOLS.

DEUX ESPAGNOLES.

SEPTIÈME ENTRÉE.

UN CHARIVARI GROTESQUE.

HUITIÈME ENTRÉE.

QUATRE GALANTS cajolant la femme de Sganarelle.

FIN DU BALLET.

RÉFLEXIONS

SUR

LE MARIAGE FORCÉ.

Dans les plus petites pièces de Molière, on trouve des vues profondes et d'excellentes peintures de mœurs. Celle-ci, faite avec la plus grande précipitation, n'étant d'abord destinée qu'à un divertissement que le roi donnoit au Louvre, offre une multitude de traits dignes d'être observés, si l'on veut se faire une idée complète de l'état de la société pendant le dix-septième siècle.

On a dit que Molière se plaisoit à peindre les bourgeois de son temps : ce n'étoit que chez eux qu'il trouvoit cette bonhomie, cette naïveté qui fournissent à l'observateur des idées justes sur l'homme en général. LE MARIAGE FORCÉ peut être considéré en quelque sorte comme le prologue de GEORGE DANDIN : un homme de basse naissance, enrichi par de longs travaux, n'étant plus jeune, a le malheur de prendre un goût passager pour une demoiselle : il l'épouse, et bientôt il connoît les suites de sa folie. Ces deux pièces, comme on le voit, sont à peu près la conséquence l'une de l'autre.

Sganarelle, dans LE MARIAGE FORCÉ, paroît un marchand enrichi : on le voit par les différents voyages qu'il a faits, soit à Rome, soit en Angleterre, soit en Hollande. Sa naissance n'est pas illustre : « Je veux, dit-il, imiter mon père, et » tous ceux de ma race qui ne se sont jamais voulu » marier. » Cet aveu, arraché par la situation où

Sganarelle se trouve, ajoute à la vraisemblance de la fable, et rend la conduite de Dorimène moins odieuse. Il y a lieu de présumer que l'expression comique de cette idée a été fournie à Molière par une des meilleures épigrammes de Malleville : le poëte s'adresse à un homme qui ne sait s'il doit se marier :

> Tu vis dans une inquiétude
> Du parti que tu veux choisir ;
> Et la femme, et la solitude
> Suspendent tous deux ton désir.
> Ainsi l'on voit que ton courage (*),
> Affligé d'un rude combat,
> Est tantôt pour le mariage,
> Et tantôt pour le célibat.
> Mais sais-tu ce que tu dois faire
> Pour mettre ton esprit en paix ?
> Résous-toi d'imiter ton père,
> Tu ne te mariras jamais.

Les deux philosophes paroissent aujourd'hui un peu chargés ; mais on aura une opinion contraire, si l'on réfléchit à l'espèce de fanatisme qui régnoit alors dans la philosophie ; et si l'on se rappelle que le parlement de Paris, par un arrêt de 1624, avoit défendu, sous peine de mort, d'enseigner dans les écoles une doctrine contraire à celle d'Aristote. Cet arrêt étant tombé en désuétude, et le cartésianisme faisant des progrès, les partisans de la philosophie péripatéticienne reprirent leur ancienne fureur, et se livrèrent à des emportements à peu près pareils à ceux de Pancrace. Boileau, peu de temps après, fit son ARRÊT BURLESQUE, qui acheva de les couvrir de ridicule, et qui rendit leurs efforts impuissants.

―――――――――

(*) *Courage* est pris là pour *cœur* : les poëtes de ce temps étudioient beaucoup l'espagnol. Dans cette langue, *corazon* exprime indifféremment *cœur* ou *courage*.

Molière, dans cette scène de Pancrace, a imité une idée plaisante de Rabelais : Panurge, interrogé par Pantagruel, lui parle en plusieurs langues, et ne répond pas à ce qu'il demande.

La scène de Marphurius est une imitation encore plus exacte de cet auteur. Panurge, sur le point de se marier, va consulter Trouillogan, philosophe pyrrhonien. Cette scène, dont Molière a pris les principaux traits, mérite d'être citée.

« PANURGE. Me dois-je marier ? TROUILLOGAN. Il y a de l'apparence. PAN. Et si je ne me marie point ? TROUILL. Je n'y vois inconvénient aulcun. PAN. Vous n'y en voyez point ? TROUILL. Non, ou la vue me déçoit. PAN. J'y en trouve plus de cinq cents. TROUILL. Comptez-les. PAN. Je dis improprement parlant, et prenant nombre certain pour incertain, déterminé pour indéterminé, c'est-à-dire beaucoup. TROUILL. J'écoute. PAN. Je ne peux pas me passer de femme, de par tous les diables ! TROUILL. Otez ces vilaines bêtes. PAN. De par Dieu soit, car mes salmigondis disent : Coucher seul ou sans femme, être vie brutale, et tel le disoit Didon en ses lamentations. TROUILL. A votre commandement. PAN. Par la quan dé, j'en suis bien. Doncques me marierai-je ? TROUILL. Par aventure. PAN. M'en trouverai-je bien ? TROUILL. Selon la rencontre. PAN. Aussi, si je rencontre bien, comme j'espère, serai-je heureux ? TROUIL. Assez. PAN. Tournons à contre-poil ; et si je rencontre mal ? TROUILL. Je m'en excuse. PAN. Mais conseillez-moi, de grâce, que doibs-je faire ? TROUILL. Ce que vous voudrez. PAN. Tarabin, Taraba. TROUILL. N'invoquez rien, je vous prie. PAN. Au nom de Dieu, je ne veux sinon que vous me conseillerez. Que m'en con-

» seillez-vous? Trouill. Rien. Pan. Me doibs-je
» marier? Trouill. Je n'y étois pas. Pan. Je ne
» me marierai donc point? Trouill. Je n'en puis
» mais. Pan. Si je suis marié, je ne serai jamais
» cocu? Trouill. J'y pensois. Pan. Mettons le
» cas que je sois marié.... et doncques si je suis
» marié, je serai cocu? Trouill. On le diroit.
» Pan. Si ma femme est preude et chaste, je ne
» serai jamais cocu? Trouill. Vous me semblez
» parler correct. Pan. Sera-t-elle preude et
» chaste? Reste seulement ce point. Trouill. J'en
» doubte. »

La plaisanterie est peut-être poussée trop loin dans cette scène : mais on voit combien elle a été utile à l'auteur, qui, suivant sa coutume, a surpassé son modèle. Sa scène est plus dramatique, parce que Sganarelle, ayant battu Marphurius, veut à son tour lui persuader que la chose est douteuse.

Le rôle d'Alcidas n'est plus dans nos mœurs ; mais Molière a présenté ce spadassin d'une manière très-comique en le rendant poli et doucereux. Rien ne fait plus d'effet au théâtre que cette espèce de contraste entre l'extérieur d'un homme et sa conduite habituelle. Molière n'a jamais manqué, lorsque l'occasion s'en est offerte, d'indiquer cette bizarrerie, très-commune dans le monde. Le dénoûment se présentoit naturellement : l'auteur l'a traité en maître. Sganarelle garde un silence morne en recevant la main de cette même femme qu'il aimoit tant quelques moments auparavant. Alcantor, enchanté d'être délivré de sa fille, n'a que cette idée en tête ; et, sans faire attention à la consternation de son gendre, il se borne à dire gaîment : *Allons nous réjouir, et célébrer cet heureux mariage.*

TABLE
DES PIÈCES
CONTENUES DANS CE VOLUME.

Pages.

L'École des Femmes............... 7
Réflexions sur l'École des Femmes.... 103
La Critique de l'École des Femmes.. 121
Réflexions sur la Critique de l'École des Femmes...................... 171
L'Impromptu de Versailles.......... 187
Réflexions sur l'Impromptu de Versailles...................... 227
La Princesse d'Élide............... 243
Réflexions sur la Princesse d'Élide... 309
Le Mariage forcé............... 313
Réflexions sur le Mariage forcé.... 368

FIN DE LA TABLE.

www.ingramcontent.com/pod-product-compliance
Lightning Source LLC
Chambersburg PA
CBHW050541170426
43201CB00011B/1517